在威權的天空下

台中篇

總策劃｜陳彥斌　主編｜洪碧梧

新文化協會
New Culture Association
出版・發行

前言
在威權暗夜閃爍的星星

總策劃 陳彥斌

回首前塵，台灣從威權、戒嚴，到如今的民主、開放，仿如李登輝形容的「寧靜革命」，如果沒人再提起，似乎已經船過水無痕。但劃時代的改革開放，果真那麼理所當然、水到渠成嗎？只要稍加回頭檢視，就會發現台灣一路走來，有太多仁人志士的打拚、付出、犧牲，才換來這舉世喝采的成果。

形成這股改革的浪潮，最被看見的是在議場吆喝、拚鬥的政治明星，還有一波一波選舉的訴求、吶喊，他們當然功不可沒。但除了這些耀眼的政治人物外，卻有更多的基層無名英雄，在選戰中為候選人義務助選、出錢出力，在街頭運動中被警察打得鼻青臉腫，頭破血流，默默地回家自塗藥膏，等著下一波又上街頭抗議。他們似乎有無限精力、體力，要和黨國體制周旋到底。

檢視台灣威權體制的瓦解，最關鍵時期應是1979年美麗島事件爆發，到1992年修訂刑法100條，讓言論、集會、結社的枷鎖，終於徹底解放。這段長達12年中，歷經林義雄家門三死一傷慘案、陳文成命案、江南命案，到民進黨衝破黨禁，解除戒嚴，強人蔣經國逝世，台灣人李登輝就任總統，各項社會運動百花盛開，海外「黑名單」返鄉風潮等，由太多太多的血、汗與眼淚凝聚而成。此書，我們紀錄的對象，即是在這段風起雲湧時代中，長久投入抗爭、改革洪流的台中20位基層民主運動志工。

我1980年底自軍中退伍，1982年遷居台中，漸漸參與台中黨外運動。1986年民進黨突破黨禁創黨，1987年台中市黨部成立，我獲陳博文主委任命為首屆執行長。1989年執行長任期結束，隔年我任《自立晚報》記者。從參與者到觀察者、紀錄者，對台中獻身的民主長工當然熟悉，幾乎沒有太費心思，原台中市區11位，原台中縣區10位，名單很快就敲定，並執行編寫。

這21位活躍街頭、助選的鬥士，他們始終只有付出、犧牲，沒有任何名利，也沒當過縣市長、立委、議員、鄉鎮長、代表、村里長等公職。他們心甘情願，完全奉獻，絕對是推動台灣蛻變的一大力量。

革命與運動的形成，常是有必然，也有偶然。訪問21位無名英雄，他們最多的交集就是都受到美麗島事件啟發，因林義雄家門血案下定決心，走上這條艱鉅、長遠的改革道路。他們從義憤出發，融入黨外陣營前進，大都是民進黨建黨黨員。從運動中，從黨外雜誌裡，他們的步伐看到了方向，爭取民主、自由，追求公理、正義，大多數也漸漸主張、認同台灣獨立。

在威權的天空下，街頭運動常要面對鎮暴警察的噴水驅逐、長棍毆打，有時還要忍受辣椒水、催淚彈攻擊，受傷、掛彩、被逮捕是家常便飯。被稱是「打死不退的街頭運動者」黃山貞，總以「鄭南榕可以，我為什麼不可以？」的態度，投入每一場抗爭。許秀嬌舉著麥克風，推著孩子街頭抗議。柯文清等南北奔波，幾乎無役不與。王公亨在「國會全面改選運動」中擋下火車，更掀抗爭高潮。黃碧棋、廖景昌總在抗爭中奮力擊鼓，鼓舞士氣。他們沒想到的是一次一次的敲鼓，竟協助敲碎了黨國體制的威權江山。

農民胡譽鐘眼見果賤傷農，振臂一呼，竟興起欲罷不能的農民運動。羅隆錚、王洲明兩位老師，教學中衝撞黨國教育，獻身社會改革。白色恐怖受害的張炤東、黃坤能，分別被關15年、13年，走出監獄，毅然又投身民主、獨立運動。證明黑牢關不住台灣人追求當家作主的決心。

威權時期，在黨國陰影下，商人對黨外、民進黨退避三舍。林勝新一直是綠營候選人的財務長。王朝鑫為黃華「新國家運動」、陳婉真「台建抗爭」一擲千金。游善伯自製氣球為綠營打氣，堅持以台灣品牌行銷國際。林進芳數十年如一日，在抗爭中擔任糾察，維護每一場活動順利。陳武璋律師是街頭運動大護法，讓挑戰威權的鬥士免於牢獄之災。

足智多謀的黃世殿創立大屯民主聯誼會，為許榮淑、張俊宏等選戰運籌帷幄。粗獷豪邁的張基進，在后里家鄉發展草根組織。身材瘦弱的林水泉，在被稱為「民主沙漠」的大烏龍地區開拓。柯西發人稱「柯班長」，以剛正人格號召海線同伴。讓幅員遼闊的縣區，全面洋溢民主春天的氣息。張啟中醫師口才奇佳，趕上「地下民主電台」風潮，激發聽眾思考台灣前途何去何從。

21位民主志工的奉獻故事，象徵台灣堅強、厚實的生命力。他們不求名利，克服畏懼。在威權的暗夜天空下，綻放的光芒或許不強，卻是一顆一顆閃爍的星星，引領台灣走向光明的力量。他們不應被忽視、被忘記，他們值得被流傳，被推崇。

目錄

前言：在威權暗夜閃爍的星星／陳彥斌 ...5

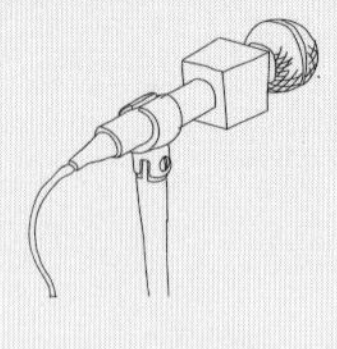

市區

反抗，是為了點燃台灣亮光——黃山貞 ...10
永遠的糾察隊長——林進芳 ...22
鄭南榕生死不渝的兄弟——廖景昌 ...32
擋下火車的鐵漢——王公亨 ...42
慷慨的民主運動者——王朝鑫 ...52
白袍下的民主之聲——張啟中 ...62
民主抬轎人柯文清與民主鼓手黃碧棋 ...72
台灣獨立革命軍軍長——黃坤能 ...86
山頂來的麥克風手——許秀嬌 ...96
台中人權守護者——陳武璋 ...108

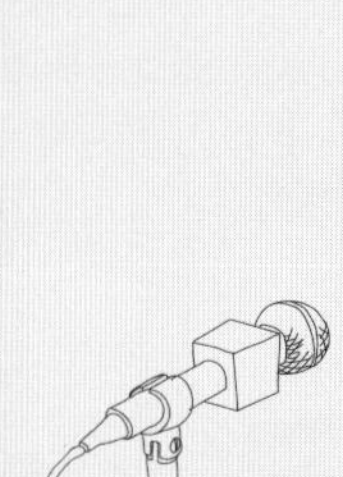

縣區

守護民主的頭家——林勝新 …120

政治、文化的播種者——羅隆銲 …130

勇敢堅持的台灣氣勢——游善伯 …142

為弱勢農民吶喊 發出第一聲——胡譽鐘 …152

無可救藥的草根戰士——張基進 …164

Yes sir! 柯班長，報到！——柯西發 …174

民主荒漠中的播種者——林水泉 …184

用認真和堅持 拚出一生精彩——黃世殿 …194

衝撞黨國教育的革命教師——王洲明 …204

關不住的台灣魂——張烱東 …214

反抗，是為了點燃台灣亮光——黃山貞

採訪、撰稿：陳彥斌

1988年黃山貞（左）參加新國家運動，右一為前立委李明憲。（李明憲提供）

黃山貞：「美麗島家庭也要過年」

1979年12月10日美麗島事件爆發，台灣社會風聲鶴唳，媒體更是一片肅殺！

事件兩個月後，時序來到農曆春節，家家戶戶都在忙過年。除夕當天，台中有位黃山貞騎著機車，穿梭東區大街小巷，他在尋找一個叫「賴茂州」的人。因為賴茂州是美麗島事件發生後，台中最勇敢站出來聲援美麗島受害者，且公開協助美麗島受害家屬奔走、求救的正義使者。

但黃山貞只知道賴茂州和他同住東區，卻不知道他住哪裡。費了一番功夫打聽，終於在大智路的一條巷子中，找到在做「黑手」（機械業）小頭家的賴茂州。黃山貞碰面沒有多話，從口袋中掏出五萬元現鈔交給賴茂州。僅說：「美麗島家庭也要過年，請代轉幫忙他們。」然後，騎著機車隨即離去。

五萬元在四十年前不是小數目，尤其黃山貞也只是珠繡手工業者。這件往事，賴茂州生前數次提起，來證明台灣社會的有情有義，對一向沉默寡言，從來都只是奉獻、付出的黃山貞更是推崇備至。

黃山貞反國民黨意識萌芽極早，他在《美麗島》雜誌社來台中設立分處時，即前往訂閱雜誌外，也開始捐款黨外運動。他總是三千、五千元奉獻，工作人員都認識這位不喜歡說話的慷慨者。而他一律以「無名氏」捐助，除了生性原就低調外，也因他曾是調查局約談過的敏感人物。

1988年10月25日黃山貞（右）、張溫鷹（中）、唐漢超（左）聲援520農民運動再出發遊行 。（邱萬興攝）

特務約談　驚心動魄

1975年間，一個平常日的午前，黃山貞在東區泉源街經營的「新華珠繡社」，來了兩位中年男子，進門就問：「黃山貞是哪位？」黃山貞表明後，兩男子即推他上門前的轎車說：「去我們辦公室談談。」就這樣，他被帶到離家不遠的復興路（近大公街）的一戶二樓平房（經查，這裡是前台中市調查站）。

這兩位自稱是調查局特務，沒有惡形惡狀，但說話卻語帶威脅、恐嚇，問話繞來繞去，並一直要他寫自白書，交代祖宗三代過去、為什麼搬來台中、台中有什麼好朋友……等不厭其煩問題。

訊問是十幾小時的疲勞轟炸，從中午到黃昏，到入夜10點，都沒休息，黃山貞被搞得昏頭轉向。他整理特務主要重點有三，一是「你為什麼常批評政府？」。二是「你為什麼為匪宣傳？說大陸已經有原子彈？」。三是「你的店為什麼取名『新華』？你不知道『新華』是中共在使用的嗎？」

第一個問題黃山貞顧左右而言他。第二個問題他回：「這消息報紙有報導呀。」但是特務再追問：「可是我們得到的消息，中共有原子彈你是從廣播聽來的。」讓黃山貞不得不驚嚇，因為他確實常偷偷收聽「匪情廣播」，且他僅曾對一位十三、四歲的國中生，說過「從廣播中知道中共有原子彈」，竟然就被檢舉到調查局。特務真是無孔不入。

珠繡社取名「新華」，是中共的媒體名稱，黃山貞知道，他當然不能承認，他以僅讀小學程度，根本不解華文、華語帶過。結束約談前夕，特務除了嚴肅警告他：「注意言行」、「不要再批評政府」、「下次再來恐怕就沒有這麼容易回家了」外，也要他簽名切結，所有約談內容都不可對外透露，否則後果自負。然後，通知他三姊夫前來作保，深夜10點半，他才回到溫暖的家。

如今聽來只是虛驚一場的約談，當年卻是無比可怕噩夢。聽過太多的人被警總抓走後就不再回來，有的被囚禁火燒島，有的上刑場槍決。而對34歲的黃山貞來說，當時他剛新婚，妻子懷孕，事業剛在起步，年老多病的母親已風燭殘年。如果他真被捕入獄，家庭可能要陷入絕境，老母也一定經不起打擊。

五歲喪父　家貧如洗

黃山貞為什麼強烈反政府？更明確說，他為什麼反國民黨態度強烈？這和他貧苦出身的坎坷童年有關。

黃山貞，1942年生，高雄旗山人。5歲喪父，母親靠打零工維生。原有一位長兄，但小學五年級就因無錢就醫，死於肺炎。有四姊妹，他勉強還能讀到小學畢業。大姊嫁給一位屠夫。二姊嫁給泥水匠。生活艱困，且無尊嚴。黃山貞自小就要思索如何賺錢養家？夢想怎麼出人頭地？

小學畢業後，他曾徒步送報紙、到台南一家壽司路邊攤當童工，每天工作從清晨到深夜，寒流來襲也要蹲在路邊，用冰冷的水洗盤、洗碗、洗筷、洗菜、洗鍋盆。稍長，回旗山一家中藥舖打雜，年薪300元，一年365天，上工363天，只休除夕、大年初一。他，被使喚、跑腿、掃地⋯⋯。他童年成長，在暗無天日的生活中掙扎。

結束青少年時期，可以肩挑、負重了，他跟隨二姊夫做泥水工。這項粗工他從當兵前做到退伍初期。但他決心出外拚生活，不要困在旗山鄉下一輩子。

自小就在苦難、煎熬中成長，黃山貞對社會非常不滿。想像只要推翻國民黨，台灣人民就可望「出頭天」。他這位赤貧家庭的無產階級青年，甚至盼望台灣有機會無產階級革命。對政治毫無概念的他，開始偷聽政府嚴令禁止的「匪情廣播」，期待著台灣有被「解放」的一日，人人過著平等的生活。

移居台中　珠繡事業闖天下

離開旗山的機會終於到來。黃山貞三姊嫁給隨國民黨來台的少校軍官，三姊夫退伍後和人經營珠繡生意，邀黃山貞來台中一起奮鬥。就這樣，1965年，23歲的黃山貞移居台中，漸漸築起他的珠繡事業，生活也漸漸穩定，把老母從旗山接來台中奉養。34歲娶妻前，在泉源街買一戶沒有產權，只有使用權的眷村店面。

黃山貞完全靠勤快、毅力、認真打拚。學得一手珠繡功夫，他一針一線縫製鞋面，拿到昔日通稱「賊仔市」（位於中山路柳川兩邊的違建市場，已拆除）批發。他日夜繡花，繡到掌心長繭。事業小有基礎，剛好是美麗島政團風起雲湧，在台灣各地演講、衝撞，在台中的活動他從不缺席。但此時的他，都只默默參與，或暗中捐錢贊助。他還是懾於戒嚴淫威，不敢公開加入「黨外」行列。直到1979年美麗島事件爆發。

眼看著立法委員黃信介、省議員林義雄、張俊宏，律師姚嘉文、哈佛才女呂秀蓮，以及坐過牢的施明德、陳菊、魏廷朝、陳博文……等，一位又一位的精英被逮捕。接著，1980年二二八當天，林義雄家門三死一傷慘案，讓黃山貞終於下定決心，站出來對抗不義！

加上，美麗島事件在國際壓力下，台灣第一次公開審判政治犯。黃山貞又看到尤清、謝長廷、陳水扁……等優秀律師，整批站出來辯護，一位比一位雄辯滔滔。審判結果雖然都被判有罪，可是沒有「沒收財產」。這對黃山貞來說，無異在暗中吃下一顆定心丸。

國民黨迫害政治犯，不僅動輒10年、20年、無期徒刑、死刑，其中還有一項恐怖手段是「沒收財產」。政治犯財產一被沒收，妻兒、家人馬上被連累流離失所。有母、有妻、有女的黃山貞當然駭懼。所以美麗島人士被判刑，卻沒有「沒收財產」，讓黃山貞「反國民黨」的膽子大了起來。

1988年，黃山貞（右）參加聲援政治受難者遊行。（楊芸鳳提供）

從黨外到民進黨　打死不退的街頭運動者

黃山貞支持黨外運動從檯下到檯面，1980年立法委員選舉，張俊宏太太許榮淑「代夫出征」，這是一場美麗島事件的社會審判。許榮淑在中縣、中市、彰化、南投四縣市的選區中，捲起旋風，黨外人士傾全力大反撲，黃山貞除了賣力輔選，他還坐鎮總部倉庫，全天候管理競選物資進出。

這次選舉，許榮淑及黃信介胞弟黃天福都高票當選立法委員。姚嘉文妻子周清玉也在台北當選國大代表。台灣人民用選票，給予「美麗島無罪」的正義審判。

1986年民進黨建黨前，黃山貞就加入黨外「公政會」，這組織成員在民進黨建黨後，轉化為建黨黨員，他的台中黨證編號015。但長年黨外運動中，其實他對台灣的前途並未有明確主張。直到1986年建黨前夕，一位比他年輕的黨外同伴點醒他：「我們推動民主、自由，我們當然也在推動台灣獨立。因為台灣人自己當家做主，台灣才有前途，才有未來……。」

黃山貞被這一席話感動，越想越有理。且資訊在台灣社會越來越透明後，他也認清了共產黨本質，對中共的夢想徹底幻滅。從此，他是忠誠民進黨員，更是「台獨」的強烈追求者，成為「台獨聯盟」祕密盟員。黃華、陳婉真因主張台獨被通緝時，很長時間都匿藏他家。1990年黃華在台中被捕時，他正好和黃華在用餐。1991年陳婉真落網時，則是他開車在載她逃亡。

被稱為「美麗島鐵漢」的紀萬生老師說：「黃山貞，打死不退的街頭運動者。」1986年鄭南榕發起「519綠色行動」，因這是第一次挑動戒嚴敏感神經，國民黨卯勁全面阻止，動員各地警察局長、有力人士，勸阻各地黨外人士不要北上參加。

1987年9月28日，民進黨建黨周年，台中市黨部街頭遊行慶祝。（王公亨提供）

擔任這場抗議活動副總指揮的紀萬生，眼看同志相繼退卻下，找上黃山貞。黃山貞馬上提著外套、拿起車子鑰匙，走到車上啟動。載著紀萬生、王公亨、陳金頓等，一路開車到台北龍山寺。在鎮暴警察全副武裝，蛇籠、拒馬圍困12小時中，陪著鄭南榕、紀萬生等力抗到底。這起抗爭讓台灣戒嚴38年的荒謬，宣揚國際媒體。

不僅「519綠色行動」，鄭南榕繼之發起的「二二八和平、公義活動」，在彰化遊行時，鎮暴警察公然持棍毆打，黃山貞被打到鼻青臉腫，但他毫不退縮，回家自行敷藥、塗膏，等待下一次再上街頭抗議。1988年的「新國家運動」，黃山貞在台中率先響應。1989年鄭南榕自囚等待被捕時，他曾多次北上《自由時代》雜誌社陪伴。鄭南榕自焚殉道時，他激動得不能言語……。

1991年陳婉真到台中成立「台灣建國組織」，簡稱「台建」。黃山貞協助籌設、募款。8月25日的「台建之夜」，為對抗鎮暴警察強制入侵，陳婉真慓悍的組成敢死隊，在屋中置放數十桶瓦斯、汽油，準備警察進門逮捕時引爆，同歸於盡。在那千鈞一髮之際，黃山貞是少數幾位陪伴陳婉真共存亡的弟兄。有位好友隔天相勸他適可而止，他淡淡的說：「鄭南榕可以，我為什麼不可以……。」他是以這種態度來看待自己生命。

1986年11月30日桃園機場事件，警方出動直升機，並施放辣椒水、催淚瓦斯驅散群眾。（邱萬興攝）

追求台灣前途的基層亮光　永不熄滅

沸沸揚揚的「台建」風暴，最後幸能平和落幕，但任何一次的抗爭，黃山貞都不放過。以1986年11月14日「桃園機場事件」為例，警方第一次施放催淚瓦斯，他和在場群眾都被嗆得眼睛酸痛，眼淚直流，群眾不得不結束抗爭。

第二次「機場事件」是16天後的11月30日。黃山貞自備濕毛巾，裝在塑膠袋內。當催淚瓦斯再度攻擊時，他撲倒地面，取出濕毛巾掩臉苦撐，在場堅持到最後。他，都用這樣的堅毅精神，投入台灣走向民主化過程中，數算不盡的全國性街頭運動。

2014年3月30日太陽花學運，黃山貞北上聲援。（陳恆毅提供）

黃山貞為台灣永遠站在第一線，至今仍無怨無悔付出，攝於2020年。（廖建超攝）

誰說，街頭運動者都是無業遊民，都是社會邊緣人，黃山貞事業有成，擁有幸福、美滿家庭，他為台灣，永遠站在第一線。他不曾參選公職，不願擔任黨職，永遠是最基層義工。他是一盞永不歇息的明燈，只要台灣前途還有黑影，他就不斷施放亮光，或許光體不如公職人物般的璀璨，卻是台灣人追求夢想中，最勇敢、最真誠、最基層的永恆力量。

永遠的糾察隊長——林進芳

採訪、撰稿：廖建超

林進芳（右）、黃木鐸（左，已歿）是街頭運動的最佳拍檔。（林進芳提供）

1990年10月，國會尚未全面改選。台中市的民進黨立委劉文雄，質詢時和當時院長梁肅戎唇槍舌戰。劉文雄提案「台灣領土不屬於中華人民共和國」，並要求立法院正式對外宣告，梁肅戎敷衍以對。劉文雄越說越氣，激烈質詢的數小時後，突然因心臟病發休克，急送台大醫院卻不治死亡，可說是命喪議堂的烈士。告別式當天，站在靈堂最前頭的禮生之一，就是民進黨永遠的糾察隊長林進芳。

告別式結束後，劉文雄發引安葬，送葬車隊綿延幾百公尺，規模之大是台中罕見。送葬隊伍由民進黨台中市黨部糾察隊開道，一向敬佩劉文雄的林進芳始終站在前導車上，並一路送到新社山頭，淚水泉湧的看著劉文雄棺木埋進土裡。林進芳說：「劉文雄是為台灣主權戰死議場的烈士。」他以哀傷、悲憤心情，送他最後一程，表達最深敬意！這是身材魁梧、體態健碩的林進芳難得一見的溫柔，展現了老一輩台灣人的有情有義。

「永遠忠誠」的憲兵、民進黨的糾察隊長

林進芳，1942年生於大肚山上，舊地名「井仔頭」的瑞井社區。台中一中初中部、台中商業職業學校（今國立台中科技大學）畢業，隨即入伍服役。因為體格、學識均佳，被選入當時須通過身家調查，三代清白、祖上沒有任何前科紀錄，才能進入的「台中憲兵隊」。每當蔣介石到日月潭、成功嶺、第十軍團視察時，他就被挑選為維安警衛。「對領袖永遠忠誠是我當時的信念。」林進芳這麼描述服役的過往。在更早的學生時期，他也因活潑外向，被學校挑選為中國國民黨的學生黨員，這在當時是項「殊榮」，全班只有他一個。

退伍後，憲警單位仍然打算吸收他進入情治系統，並以舉報獎金利誘，但被他拒絕。「當兵是不得已，退伍，自然就跟憲警疏遠。」林進芳這麼說。出社會後，陸續進入「武田製藥」和「日本花王石鹼」工作，也因為投資經營台中酒店（餐廳），而結識國民黨籍的台中名醫廖榮祺。廖榮祺競選省議員時，林進芳負責選舉活動和遊街車隊。

「我之所以會幫忙廖榮祺競選，純粹是佩服榮祺仙的醫德，他不跟付不出醫藥費的窮人追討費用。」廖榮祺是林進芳唯一輔選過的國民黨籍候選人，不僅結識當時的高官顯要如宋時選、金扶東，也看到許多黨國權貴的黑暗面，正義感的催化下，心中的秤桿也開始向公義的一端傾斜。

他很年輕的時候，就接觸到雷震的《自由中國》雜誌，讀到批判國民黨文章，會讓他思索看到的社會百態。林進芳也回想兒時的一段驚恐記憶，「大概六歲時，全家搬到成功路上經營小型食品工廠。一天，我在篤行路和中華路路口的枝水橋頭，看到幾位台灣人，雙手被反綁，背後還插著木牌，這些被綑綁的人，即將被載到水源地槍決。這是行刑前的遊街示眾」。見到這幕的林進芳，因為還小，還不知道害怕，也不知道什麼是二二八。但回家後把所見告訴家人，卻被特別囑咐「囝仔人有耳無嘴」。

投入黨外民主運動、加入民進黨

「真正讓我下定決心參加黨外民主運動的，是美麗島事件和林宅血案。」此時他已經在經營小有規模的電鍍工廠，看到新聞播報美麗島事件，這個他曾宣示效忠的政府，竟然利用憲兵鼓動群眾，先鎮後暴，這令他無法忍受；隔年（1980年）又發生慘絕人寰的

「林宅血案」，更讓他下定決心參加民主運動。林進芳情緒激動的說：「看到林義雄的母親和兩個雙胞胎女兒，三個人就這樣消失，人命如同螞蟻，被政府一捏就死，我無法再忍耐。」

往後的街頭運動，林進芳幾乎無役不與，1986年底的「桃園機場事件」，他和何春木、張溫鷹走在一起，在余登發的帶領下，走到拒馬前才停下來；雙方衝突開始時，石塊、催淚彈在天空齊飛，接著是辣椒水往群眾聚集點噴灑。被辣椒水噴到眼睛是什麼樣的感覺？「當晚我坐車回台中，車上的冷氣吹到眼睛，眼眶的灼熱、疼痛，隨著風向一陣陣襲來，那種難受，會讓人一輩子難忘。」林進芳還補充：「我看到衝突發生時丟擲的石頭，竟然是裝在憲警帶來的木箱中，到底誰才是真正的暴民？」

1990年，民進黨台中市黨部參訪嘉義二二八紀念碑，第一排坐者左三起：林進芳、張深鏞、黃金島、張溫鷹、鍾逸人及許秀嬌（坐者第一排右二）；黃碧棋（第二排左三）、張烱東（第二排左五）。（楊芸鳳提供）

1987年，黃信介、張俊宏假釋後，在全台舉辦「鑼聲若響」的巡迴演講、1988年的「520農民運動」，都可看到他執行糾察勤務的身影。但讓他最難過的是1989年在鄭南榕的喪禮中，親眼見到詹益樺在總統府前自焚。

「治喪隊伍走到總統府前，當天我負責糾察和保護民進黨公職。雖然鄭南榕不是民進黨員，但我們都被他感動，而自動參加並接受指派工作。」林進芳停頓許久，接著補充說：「阿樺（詹益樺）走在前面沒有任何異狀，等走到總統府的拒馬前，他忽然拉開預藏在身上的汽油袋，點火自焚。瞬間整個人著火，他衝到拒馬前，趴在鐵絲網上燃燒。當時我見到隔著拒馬另一邊有消防車，立刻大喊：『有人著火，趕快噴水！』但他們卻無動於衷，沒有任何反應！」大家眼睜睜看著詹益樺自焚身亡。

永遠的糾察隊長　民進黨資深黨員聯誼會副會長

林進芳是在王世勛的大哥王世臣力邀下，1987年加入民進黨，成為首批台中市的創黨黨員，宣誓入黨的地點就在台中的象王飯店。民進黨台中市黨部在1987年成立後，糾察隊也隨之組建。「當時何敏誠是活動組長兼糾察隊長，我是副隊長。之後，黃山貞也當過一任隊長，此後都由我擔任，市黨部成立三十三年了，我是唯一的元老到現在，當隊長也近三十年了。」

為了識別和統一服裝，台中市糾察隊成立後，委請隊員賴志川設計制服，至於製作費用則是眾人的捐輸。這套糾察隊的制服，也變成日後民進黨其他縣市糾察隊的樣板。林進芳解釋糾察隊的幾個任務，除了維持抗爭運動和演講會場的秩序之外，也要保護參加活動者的安全。另外就是必須視活動現場的狀況，與憲警溝通、協調，降低衝突與危險性。「我們帶多少人出去參加活動，就要帶多少人平平安安回家，在我擔任糾察隊長任內，沒有發生過任何意外，這點我很自豪！」

要成為一個合格的糾察隊員，除了對台灣有愛、對民主有著執著的熱情之外，也需要進一步訓練。至今，林進芳已經參與超過十次以上的糾察研習。「交通指揮」、「急難救護訓練」、「領導統御與溝通協調」等，都是必修的課程以外，早期也曾請林宗正牧師講解「非暴力抗爭」，與時任台中市黨部顧問的台灣文學家李喬講述「台灣文學」，「要成為一個合格的糾察隊員，實在不簡單，要能武也要能文。」

1989年5月19日送別鄭南榕隊伍，場面浩大，林進芳是糾察之一，他親眼目睹詹益樺在總統府前自焚。（邱萬興攝影）

1990年代初，為了突破海外「台獨黑名單」，讓流亡在外的台灣人得以返鄉，糾察隊也在此時發揮功能，尤其是當黑名單上的成員成功「翻牆回家」，發表演講。演講地點不定，也曾在張溫鷹母親張黃綉花所經營的西法麵包店前（今台灣大道一段360號），搭設簡易舞台，流亡的台獨人士控訴國民黨當局的蠻橫霸道與長期的思鄉之情，林進芳的台中商業學校同學李憲榮教授，就是透過這種方式公開現身，保護台獨人士的任務，自然落在糾察隊上。

林進芳至今仍是黨部活動時的糾察隊員，攝於2020年全國黨代表投票日會場外。（廖建超攝）

說到糾察隊中，和林進芳交情最好的同志，莫過於黃木鐸和賴國欽。也因為三人的默契和配合度很好，有「糾察隊三劍客」的雅號。政見發表會必見黃木鐸和林進芳站在最前頭，眼觀四方，察看是否有突發狀況。活動後，還自掏腰包，出錢請隊員吃飯，不曾跟當時經費拮据的黨部拿過半毛錢。林進芳後來成為台中市民進黨資深黨員聯誼會的副會長，2016年還曾被蔡英文主席召見、表揚。

選舉抬轎　無怨無悔的輔選人生

林進芳回憶起第一次替黨外人士輔選，首推1980年底，美麗島事件家屬許榮淑參選中彰投的第一屆第三次增額立委選舉。美麗島家屬的參選，打著「延續黨外香火」、「走那沒走完的路」、「追隨前輩腳步」的訴求，實際上是透過選舉，替正在黑牢內的美麗島受害人討回公道。三位家屬候選人周清玉、黃天福、許榮淑，均獲得高票當選，記得許榮淑獲得七萬九千三百多票。競選之初，社會仍瀰漫肅殺氛圍，僅有少數人敢公開站出來輔選，林進芳隻身一人到競選總部，巧遇許榮淑，告訴她：「其他人沒有來，沒關係，我在工廠的工作有空時，就會過來幫忙。」算一算，也已經超過四十年的往事。

1994年的省長選舉，民進黨推派號稱「陳青天」的陳定南出馬，與政治聲望如日中天的宋楚瑜競選。登記參選當天的遊行車隊，就是林進芳安排和指揮。當年的競選總部位於台中市向心路與文心路口，車隊集結後，前往中興新村登記參選。去時隨行車輛不多，眼看聲勢不夠浩大，林進芳急忙以電話通知剛開播不久的「青天電台」主持人徐志明（本名徐明正），請他在廣播中號召計程車前往中興新村，以壯聲勢。沒想到抵達省府的登記處，近百台車輛已經在此等候，竟然比有主場優勢的宋陣營，還要大陣仗，林進芳的調度與地下民主電台的號召，功不可沒。

2001年王世勛爭取黨內立委提名，此時人在上海經商的林進芳，接到王世勛堂弟王世桓電話，表示競爭激烈，需動員每一位支持黨員投票。林進芳毫不考慮，當下就訂了一張兩萬元的機票回台，只為幫他口中「不貪不取」的王世勛投下一票。雖然王世勛這次並沒有通過初選，卻可見林進芳情義相挺。

1995年底林進芳賣力輔選彭明敏競選總統，圖是他和黃木鐸為彭明敏撐旗進場。（林進芳提供）

1995年底林進芳（右）為彭明敏助選，在造勢會場。（林進芳提供）

不求名　不求利　愛台灣

林進芳從國民黨的學生黨員、「永遠忠誠」的憲兵到民進黨永遠的糾察隊長，回首人生，參與政治活動超過六十載。國民黨在台中的政治要角、大樁腳如蔡鈴蘭、林允寧都是他在台中商業職業學校的同學，如果他仍留在國民黨陣營，而不是熱衷民主運動，也許今日已因黨國政商裙帶關係的拉拔而飛黃騰達也不一定，不會只是一個在選舉場中維持秩序的歐吉桑！問他是否後悔過？他斬釘截鐵地說：「不求名、不求利、愛台灣！」誰說台灣人都是愛錢、怕死、愛面子！

鄭南榕生死不渝的兄弟
——廖景昌

採訪、撰稿：陳彥斌

1988年台灣各地展開遊行，要求蔡有全、許曹德無罪釋放，遊行中廖景昌頭綁「台獨有罪嗎」布條，奮力擊鼓至汗水濕透上衣。（廖景昌提供）

廖景昌：「鄭南榕活在我心中，每一天。」

1989年4月7日，鄭南榕為追求言論自由、主張台灣獨立的自由，自焚殉道。消息傳出，震撼全台灣。

台中有位拖車司機廖景昌，是鄭南榕街頭運動的兄弟。除了參與鄭南榕守靈、出殯等儀式外，他蒐集二、三十張鄭南榕大型相片海報（60×45公分），一一裱框，分送親友，勸請大家掛在家中客廳，永遠悼念。他說：「Nylon（鄭南榕綽號）殉道了，但Nylon精神不能死！」

廖景昌也將Nylon的遺像，供在家中神壇，逢年過節拜拜，總是把牲禮先拉到Nylon遺像前。跟家人說：「世間有神？沒神？我不知道！但我認識這個人，他有血有肉，他為台灣犧牲，所以我們膜拜他……」

後來有人告訴他：「Nylon很偉大，但Nylon還沒有正式成為『神』，所以你把他遺像供在神壇上拜，對他也不好！」他才將Nylon遺像改掛在客廳牆面上，每天出門上班前、下班回家時，向遺像行三鞠躬禮。

他說：「鄭南榕活在我心中，每一天。」

廖景昌對鄭南榕的懷念、追思模式，輾轉傳到葉菊蘭耳中。葉菊蘭在2018年間，有次到台中和Nylon昔日的街頭運動兄弟聚餐，大家特別把廖景昌安排和葉菊蘭坐一起。廖景昌堅持不就，說：「我是做工的人，怎麼可以和大官坐一起？」菊蘭姐拉著他坐下，大聲說：「我是誰？我是你的姐妹！」

黃信介喚醒的拖車司機

廖景昌，1943年生，太平頭汴坑人，出身於非常貧苦的農家。小學畢業後家中無力讓他繼續升學，他做童工、苦工，在社會最底層浮沉。服役前，有機會學開計程車，入伍也成為駕駛兵。退伍後，開過計程車、貨車、市公車，最後是買35噸拖車靠行，天天從台中港載貨到彰化溪湖的玉米工廠卸貨，數十年如一日。

廖景昌被啟發黨外思想是1979年間，《美麗島》雜誌風行全台灣，10月25日雜誌社在台中設立服務處，位址在南區南門橋附近。黃信介率施明德、呂秀蓮、邱垂貞等前來開幕，台中管理委員會主委是何春木、服務處主任是吳哲朗，開幕後並在附近的全安大飯店（已停業）前廣場演講。這是廖景昌首次聽到黨外人士演說，讓他深受感動，尤其對「信介仙」草根俚語感到親切又生動。

1989年，廖景昌（前左黑外套者）、陳慶華（前右）參與追思鄭南榕的南投遊行。（廖景昌提供）

2017年葉菊蘭抵台中與鄭南榕昔日街頭兄弟聚餐，與廖景昌合影。（陳彥斌攝）

廖景昌聽黨外人士對國民黨獨裁、鴨霸的控訴，以及追求台灣社會的公平、正義等。心中升起共鳴，也自忖：「我能為台灣做什麼？」自認沒讀什麼書的他，決定盡量參與黨外運動，起碼為黨外陣營增添人氣。

1979年12月10日爆發「美麗島事件」前兩天，也就是12月8日，雜誌社在屏東設立分處，台中黨外糾集兩部遊覽車南下，廖景昌報名參加，因回台中已經是9日淩晨，加上工作繁忙，所以美麗島事件當天，他才未和蔡垂和、陳博文、范政祐、李明憲、李長宗（以上五人後來都被捕、判刑）……等一起南下，在大逮捕中僥倖逃過一劫。

1986年林正杰街頭狂飆運動，遊行至台中車站，廖景昌（前右）等黨外人士都來聲援，布條後是康寧祥、許榮淑等人。（廖景昌提供）

美麗島事件中，省議員張俊宏被判十二年徒刑，其妻許榮淑隔年代夫出征，參選選區包括台中縣市、彰化縣、南投縣的增額立委選舉。當時美麗島被害人家屬參選，被國民黨完全掌控的軍、警、特務、媒體全面打壓，台中市沒有人敢出租或出借空間，讓許榮淑成立競選總部。最後是由前市長張溫鷹母親張黃綉花，在她開設的西法麵包店（現在台灣大道、三民路口），挪出一部份空間給許榮淑使用。

競選總部有著落了，輔選人馬卻屈指可數，只有賴茂州、黃山貞、黃碧棋、柯文清……等幾位前來報到。廖景昌則自告奮勇當宣傳車司機，被封為「駕駛隊隊長」。選舉期間，他幾乎天天開著宣傳車繞行大街小巷，車後還常有情治人員的車跟隨。

許榮淑當選後，在台中成立服務處，建立黨外灘頭堡，廖景昌一直是服務處最忠實義工。1986年他也加入「黨外公政會」，所以民進黨1986年創立時，他是當然的建黨黨員，台中市編號29。

1987年起，台灣盛行街頭抗議運動，大多由民進黨帶頭發起。台中的隊伍中，總有雄壯、響亮的鼓聲。當家擊鼓手就是黃碧棋和廖景昌，黃碧棋節奏感特別好，鼓聲總能把握、配合活動進行。廖景昌則孔武有力，揮起的鼓槌，總是把戰鼓敲得震天價響，振奮人心。

廖景昌每遇鄭南榕遺照，總會對相片鞠躬致敬。（陳彥斌攝）

台建之夜　備妥遺書

街頭運動，廖景昌幾乎無役不與，尤其是鄭南榕發起的「519反戒嚴綠色行動」、「二二八和平日促進會」，到「新國家運動」。廖景昌總南北奔波，盡量參加每一場遊行。但他印象最深刻的一場，則是1991年陳婉真、林永生在台中成立「台灣建國運動組織」（簡稱「台建」），如今憶起，都還心有餘悸。

那是1991年8月25日晚間九點多，他忽然接到林永生電話，聲音急促中透著濃濃的緊張。林永生說台建已被警察包圍，需要更多弟兄支援。不過，林永生也明確告訴他：「今晚與警方的衝突，可能一觸即發，玉石俱焚！……如果不方便，就不要來……」

廖景昌放下電話，不假思索拿起筆來，在一張便條紙上寫著「太太，下輩子再當夫妻。有事，由組織統一發言」。寫好的遺書放進褲子後面口袋，含著淚出門。因為他很了解這是「決戰」時刻，一輩子追求台灣獨立的林永生，隨時有付出、犧牲生命的決心。

這起偶發事件，是因台建以立場堅定、作風激進聞名，吸引了全台「衝組」的台獨人士聚集。當晚八點多，由成員杜昭榮帶領的「戰車」（一部改裝的貨車），例行巡邏至北屯路的國民黨台灣省黨部（已拆除）時，一行人臨時起義，在大門外高聲抗議，並在大門欄杆噴漆。在場警察前來驅離，「台建」兄弟也不示弱。

衝突間，台建這邊丟出汽油彈，警察則開槍。台建的戰車後端車身，有被子彈擊中的彈痕。

衝突後，杜昭榮等五、六人，開著戰車回西屯路的總部。大批警車則從四面八方包圍過來，緊接著全副武裝鎮暴警察層層圍住總部，用麥克風喊話要台建交出現行犯。坐鎮總部的陳婉真，馬上糾集總部內外數十位弟兄、姐妹，將原備好的瓦斯桶、汽油桶……等十幾桶擺放一樓入口，準備警察衝進來時，點燃、爆炸，同歸於盡。

廖景昌與「台建戰車」。（廖景昌提供）

林永生則拿著麥克風，站在門口的戰車上，堅定向警方喊話：「只要衝進來，就是行使人民抵抗權，同歸於盡，玉石俱焚……」同時命令台建伙伴，統一接受指揮，不得有個人行動。廖景昌抵達時，林永生要他坐上戰車駕駛座，讓戰車保持發動狀態。

廖景昌坐在戰車駕駛座上，繃緊神經，兩眼環視著數百位鎮暴警察。因為只要警察硬衝，林永生一聲令下，他一定會開車衝撞、阻擋警察，車上的汽油桶、瓦斯桶則會同時爆炸。接著，內部的大批瓦斯筒、汽油桶也會跟著爆炸，總部內外、附近陷入火海，可能造成的死傷將難以想像……。

雙方緊張對峙，一分一秒過去，警力始終不裁撤，情勢依然一觸即發。外面群眾越聚越多，新聞記者也陸續到場，但始終不見民進黨的公職前來溝通雙方。直到淩晨一點多，當時任省議員的張溫鷹到場，經一番斡旋後，警方才同意撤離。當原站著緊張待命的數百位警察，陸續蹲下來休息時，廖景昌才鬆了一口氣，結束五、六小時的恐怖對峙氣氛。

為民主運動離婚　鐵漢破鏡重圓

街頭抗爭，廖景昌無役不與。選舉時，他則自動自發，隨時隨地為黨外、民進黨候選人助選。1994年台灣舉行首次省長民選，廖景昌將他35噸的大拖車車身，漆著墨綠大字「陳定南」、「四百年來第一戰，全民翻身做主人」，被電視、報紙報導是「全台灣最大宣傳車」，在台中港進進出出，奔馳於高速公路、大馬路上，引發側目。2000年陳水扁競選總統，他一樣在拖車車身漆上「陳水扁」、「少年台灣，活力政府」，達到極佳宣傳效果。

長年投身社會運動，廖景昌對家庭最過意不去，尤其太太總埋怨他：「咱做工的人，搞什麼政治、社會運動。」原本恩愛夫妻，常因他熱衷反國民黨運動，而屢生不快。

其實，廖景昌對太太非常體貼，他購車駕駛靠行，車行每個月初，都會詳列明細表，計算他上個月運送趟次，連同薪資裝在紙袋給他。他不曾打開過紙袋，都是原封不動交給妻子發落。自己需要生活費時，則向太太開口索取。

貼心的廖景昌，有次報名參加URM（城鄉宣教運動訓練）八天，他不敢跟太太誠實說是「社會運動受訓」，根本沒錢領。他心生一計，找從事鐘錶業的林本溪（已歿）幫忙，向林本溪批發了十支有民進黨黨徽的手錶去賣。一支批價200元，他找十位朋友買，一支賣1000元。賺取的8000元他全交給妻子，才心安理得去學習URM抗爭經驗。

隨著年歲增長，廖景昌已不再開車，他除了持續關心社會時事外，培養了一項嗜好是跳舞。當然，他不會去舞廳，而是固定每週幾天的晚上，在南區崇倫公園八角亭與同好共舞。每次他都熱心播放手提音響，並教導初學者翩翩起舞。他說：「跳舞也是運動，人生一樂。」

1994年，廖景昌開著大貨車跑遍全台，車身漆上「四百年來第一戰，全民翻身做主人」，為陳定南競選省長宣傳。（廖景昌提供）

擋下火車的鐵漢
——王公亭

採訪、撰稿：廖建超

1988年7月5日王公亭（前排中）參加抗議憲警暴行遊行，右為前立委李明憲。（王公亭提供）

1989年六四天安門慘案中，最為世人熟知、震撼國際的一幕，當屬北京長安大街上，隻身擋下坦克車的不知名民運人士（一說是王維林）。而早在「六四」之前，剛解嚴不到半年的台灣，民進黨為了廢除萬年國會，在1987年的聖誕節，發動台灣第一場大規模街頭示威「國會全面改選運動」。當天，在昔日中華商場旁的鐵道上，發生台灣街頭運動史中，因群眾抗爭而中斷交通、癱瘓縱貫鐵路的大新聞。當年擋下火車的勇者，便是來自台中的民主運動鐵漢王公亨。當時任民進黨台中市黨部執行長的陳彥斌，正是這起歷史現場的見證者。

海軍爆破隊的愛國分子

王公亨並非一開始就是黨外民主運動者。1966年，已經屆滿服役年齡的他，加入海軍，原先只是為了替退伍後跑船而鋪路，但卻陰錯陽差下加入海軍爆破隊。在戒嚴的年代，加入特種部隊並不簡單，除了體能優於常人，更要通過嚴格的身家調查與忠誠考核，才能受訓。回憶起當兵時的愛國熱忱，他是這樣形容：「當時的我，如果有人要暗殺蔣介石，我會毫不考慮跳出來替他擋下子彈，不會有任何遲疑！」

王公亨服役時，是海軍水中爆破大隊。（王公亨提供）

但一次放假回台中，騎腳踏車外出，經過建國市場，觸發他對政府的懷疑。當時的市場攤販並沒有管理辦法，攤販取締全憑管區警員的認定。有一攤販因攤位影響交通，被開罰單後，警察又將其磅秤沒收，雙方爭執拉扯下引起旁人圍觀。年輕氣盛的王公亨也靠前觀看，並質疑員警為何能有這麼大的權力沒收人民的生財工具，卻遭警方言詞恐嚇：「若不散去，將法辦你！」一時氣不過的王公亨踹了警察的腳踏車一腳，隨即逃之夭夭。雖然逃走，卻也讓他開始質疑報章雜誌報導的「大有為政府」，難道是這樣欺負人民、隨便沒收人民財產的政府嗎？

另一件讓他至今時常提起的，則是1975年蔣介石過世。當時他開計程車為業，蔣介石過世隔天，他如常出車營生，卻聽到同行轉述新聞發布蔣介石過世的消息。起先他不相信，立即打開車上的收音機，收聽廣播確認無誤後，沒有心情繼續開車。回家後整個人癱軟在椅子上，彷彿世界末日。他在當天的日記寫下這樣的一段話：「民族的救星、世界的偉人，就這麼走了，中華民國將何去何從？」這是忠黨愛國時期的王公亨。

美麗島事件、林宅血案的刺激

1977年爆發中壢事件，王公亨並沒有參加，從新聞中得知群眾包圍警察局，搗毀、焚燒警車，他開始反思是什麼樣的憤怒，刺激群眾做出如此激烈的行動？1979年底的美麗島事件，和隔年2月28日的林宅血案，徹底讓他決定走上街頭，為台灣民主、自由盡一分心力。

美麗島事件前，王公亨就開始在書報攤上購買雜誌閱讀。剛開始並不是看黨外雜誌，而是比較開明的政論期刊。美麗島事件與林宅血案，徹底顛覆王公亨對政治的看法，「事件後的大逮捕，和嬤孫三人被殺、一人重傷的慘絕人寰血案，徹底刺激了我。被抓的都是優秀台灣人，卻被中國國民黨政權當作叛亂犯法辦。從此之後，受難者家屬投入選舉，許榮淑的政見會我每場必到！」問他難道不害怕？他這樣回答：「開始參與時，每個人都很害怕，雖然有人圍觀卻沒人敢反抗。但眼見國民黨政權淪落到沒有是非，如果我再不站出來，累積幾十年才爆發的台灣民主星火，極可能將被熄滅！」

之後的街頭運動與黨外選舉，仍需養家活口的他，堅持「場場必到」。他說：「一天跑計程車賺300元就有買菜錢，如果當天已經賺800元，就不再跑車，改到許榮淑服務處當義工。」人生的排序是將民主運動放第一，家人第二，賺錢第三，而自己的享受則不在考慮範圍。

1987年5月17日抗議國安法，民進黨臨時發動遊行示威，警方來不及阻止。王公亨（舉牌者右二）與黃碧棋（舉牌者左一）舉牌、拉布條抗議。（楊芸鳳提供）

1986年5月19日，在台北龍山寺舉辦「519綠色行動」，抗議中國國民黨政權在台灣長達37年的戒嚴令。動員之前，來自軍警特的壓力排山倒海而來。他說：「警備總部中警部司令張少剛，與市警局二分局局長李榮齡，曾到立委許榮淑服務處主任賴茂州的家，威脅我們不得帶領群眾北上參加519綠色行動。」519的前三天，即使他的住家開始被監視，王公亨仍照原計畫與紀萬生老師、黃山貞等一同北上。

這場由鄭南榕發起的「519綠色行動」，在長達十幾小時的對峙中，場外聲援的民眾以「接力」和「空投」的方式，將一箱一箱的礦泉水及肉包、麵包等食物，越過龍山寺圍牆，傳進被包圍的內圈民眾，至今想起，王公亨仍感動不已。

民進黨建黨黨員　台中編號025

幾乎同時，黨外公政會醞釀在全島各地成立分會，1986年6月6日，台中分會成立大會在忠孝國小舉行。憲警單位計畫阻撓活動進行，預先在三民路、林森路口處，設有憲兵軍警把守，封住路口不讓任何人出入。當天分會祕書長賴茂州衝進去時被憲兵抓住，推扯之間，王公亨衝上前去，推開憲警與停車柵欄，大聲斥喝：「你們憑什麼抓我們的祕書長！」

1986年民進黨建黨，王公亨因是公政會成員，成了民進黨建黨黨員，台中編號「025」；同年桃園機場事件，則是他參與社會運動的另一場震撼教育。11月14日，他北上參加，當天爆發第一波衝突，是在機場大廳內，鎮暴部隊衝出一名員警，向背對陣列的夥伴柯家聲出棍。面向鎮暴警察的王公亨，出手欲將這名「偷襲」的員警拉出，迎來的卻是棍如雨下的「招待」，他額頭馬上掛彩。

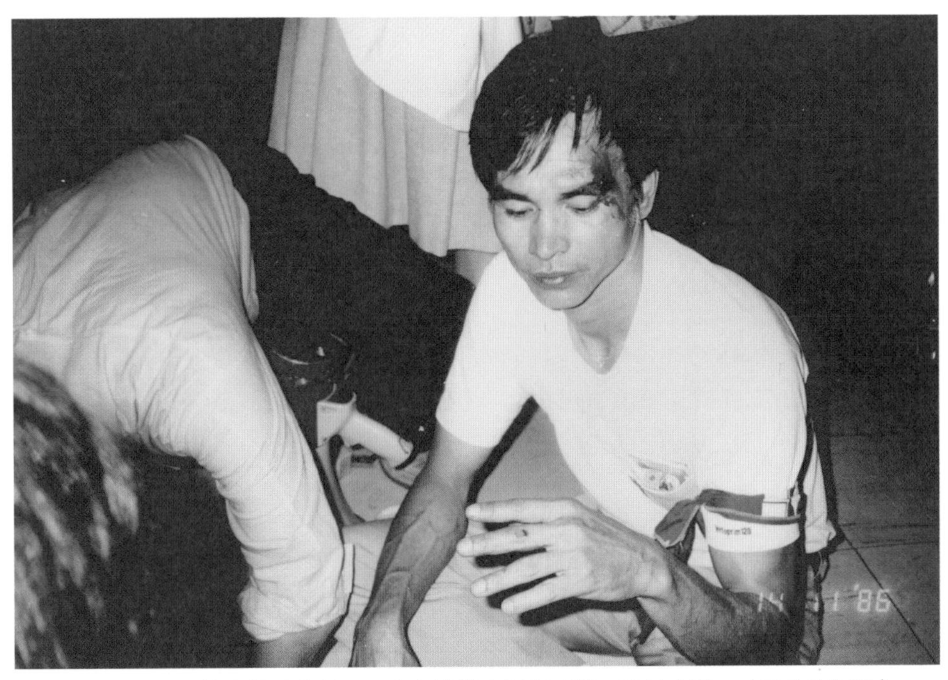

1986年11月14日桃園機場事件，王公亨遭警方短棍攻擊，頭破血流。（王公亨提供）

第二波衝突在11月30日，為了迎接許信良等三人衝破黑名單回台，已有前次經驗的他，隨身準備街頭運動「三寶」——相機、蛙鏡和毛巾。相機是為了對付特務和疑似「抓耙仔」進行反蒐證，蛙鏡和毛巾是提防憲警施放催淚瓦斯對付抗議群眾，沒想到在桃園機場事件都用上。

機場周圍滿滿的接機群眾、宣傳車，與相隔對峙的荷槍軍警、如銀鱗的盾牌、鎮暴裝甲車和直升機，形成緊張對峙。現場氣氛肅殺，衝突一觸即發。警方先以紅色水柱和催淚瓦斯驅散人群，王公亨即使用了蛙鏡和毛巾，仍止不住眼淚直流。他拍攝到憲警將原來裝手榴彈的木箱裝滿大大小小的石頭，而當天新聞報導卻是「暴民以石塊攻擊軍警」，所謂的暴民武器——石頭，竟是由被攻擊的憲警所準備，實在可笑。

鑼聲若響　機智反包圍

1987年5月20號，因美麗島案被關的黃信介、張俊宏假釋出獄，隨即在全台舉辦「鑼聲若響，揚帆出航」活動。一個月後，6月20日巡迴演講到了台中，中部民進黨員和群眾準備在台中火車站前盛大歡迎黃信介、張俊宏出獄返鄉。但火車站前早就被大批軍警駐守，全面封鎖火車站，不讓群眾有機會接近兩人。王公亨見大部分群眾被擋在火車站外，一輛宣傳車剛好經過，他請開車的司機下車，換他駕駛。

王公亨隨即將宣傳車開到火車站前的中正路（今台灣大道）上，把車子停在車水馬龍的路中央，透過麥克風，即席控訴軍警的鴨霸，群眾越圍越多，癱瘓火車站前交通。原來固守在火車站的憲警調撥出一部分，想要驅散群眾，王公亨見狀又將宣傳車開到中山路，同樣如法炮製，對憲警製造反包圍。之後黃、張兩人在封鎖線外和歡迎的群眾會合，並在台中市街展開史上最大規模的遊行。「街頭運動，就是要想辦法為憲警製造麻煩。」王公亨如此下結論。

擋火車　是為了掀起國會全面改選風潮

1987年12月25日，民進黨在國民黨舉辦「行憲紀念40週年國民大會年會」的同時，發動要求「國會全面改選」的示威抗議，王公亨也躬逢其盛。他一到西門町，見到人山人海的示威者，往返台北和萬華的火車穿梭其中，平交道的柵欄起起落落，從北門到西門圓環，擠滿了人潮。起先他試探性自言自語：「火車怎麼會台北車站、艋舺兩地跑來跑去？」旁邊有人答聲：「就是故意要擋住大家，不讓我們去趕老賊！」

王公亨心想群眾若有心理準備，讓火車停下來應該不是大問題，便往北門方向走。到了中華商場第二、第三棟中間時，眼看火車來了，時速預估不到20公里，想必火車司機見到鐵路兩旁滿滿都是人，也會放慢速度，注意安全。就在此刻，他縱身一躍，跳到鐵道上即席演講：「各位鄉親，國民黨明明知道咱今日來此的目的，是要趕老賊下台，卻故意派火車在台北和艋舺兩地中間跑來跑去，我們還要讓火車繼續行駛嗎？」沒想到說到此處，一位同為民主運動的朋友蔡秋木率先跳下來響應，站在王公亨身旁。一時間，原來站在鐵軌兩旁的群眾相繼、紛紛跳下來，佔領鐵道，硬是將一台從台北發車、速度不快的自強號擋下來。這絕對是台灣社會運動史上第一次「擋火車」！

1987年12月25日「國會全面改選」示威抗議，群眾在台北中華路展現無畏勇氣，王公亨率先站上鐵軌，數百人跟進，致使火車通行中斷數小時，掀起抗爭高潮。（王公亨提供）

鄭南榕、詹益樺的自焚是對我一生最大的刺激

王公亨至今仍然自責，為何Nylon自焚時，他沒在身邊陪伴。他疼惜地說道：「我覺得Nylon走了一條正確的路，原來我也打算跟著他的腳步，當時如果有7、8位志士自焚，也許台灣會更大改變。」鄭南榕在台中的臨時靈堂，設於目前台灣大道、三民路口，此處原是張溫鷹母親張黃綉花經營的西法麵包店，因正逢改建，在徵得張黃綉花同意下搭建，供中部民眾拈香憑弔，Nylon台中街頭弟兄則日夜輪流守靈。

另一刺激是鄭南榕出殯當天，詹益樺的自焚。王公亨原來並不認識阿樺，出殯當天隊伍走向總統府前，他還覺得很奇怪，因為天氣並不寒冷，這個人的紀念黑袍內卻裹著棉布外套，正當他內心疑惑時，便見到詹益樺整個人著火，撲倒在蛇籠前燃燒。而蛇籠的另一邊，就是準備要用來驅散群眾的消防車。「我一直呼喊消防車噴水過來，但他們卻無動於衷。」王公亨講到這一幕時，幾乎是撕心裂肺的痛。

我的爸爸是三合一敵人

在街頭爭民主的狂飆時代，支撐王公亨在一次次「運動傷害」後，仍選擇回到街頭抗爭的力量，是對台灣的愛。但是爭取自由的回報，並不是有求必應。家庭是他無法照顧到的遺憾。課堂上，老師口中的「台獨人士」，是政府的「三合一敵人」（國民黨當時的口號，指的是共匪、台獨、黨外人士），他的女兒在學校中不敢說出「我的爸爸就是台獨分子，三合一敵人」。

威權力量的逼迫，承受的從來就不是只有行動者。王公亨選擇街頭抗爭，妻女也默默承受壓力。昔日街頭部份同志，順著時勢進入議會、體制，甚至二度執政、取得權力皇冠。但為爭取國會全面改選而擋下火車的鐵漢王公亨，仍然堅守街頭抗爭的戰場，肩扛台獨的旗幟；近年熱心參與「城鄉宣教運動（URM）」，雖然早在1987年六一二事件當天，他就準備申請簽證遠赴加拿大受訓，卻未能出國，直至2014年的太陽花學運之後，重新補訓。結訓後在林宗正牧師的感召下，積極參與URM培訓，負責準備教材與帶領學員晨操。種種事工，只為培養獨立運動新血，他堅信「獨立建國」是民進黨曾經在台灣人民面前許下的莊嚴承諾。

當年擋火車的王公亨，至今仍走在台獨建國的道路上。（廖建超攝）

慷慨的民主運動者
——王朝鑫

採訪、撰稿：陳彥斌

陳定南（中）法務部長任內，拜會王朝鑫（左），右為王朝鑫太太林淑婷。（王朝鑫提供）

1990年，因主張台灣獨立，坐了二十幾年黑牢的黃華，決心爭取民進黨總統提名，挑戰國民黨李登輝。民進黨和黃華參選總統目的，都不是為了當選——那是不可能的事——而是為了凸顯當時總統選舉的荒謬：由國民大會投票產生，而投票的一千多位國大代表，有百分之九十是1949年從中國來台的「萬年國代」。

但黃華雖有以選舉當運動的雄心，可是登記民進黨總統提名需繳交50萬元，是坐牢坐得一貧如洗的他，無法跨越的難關。台中的王朝鑫得知黃華的苦惱後，馬上開了一張等同現金的50萬元銀行本票給他。黃華終於獲得民進黨提名，展開全台熱熱烈烈的總統選舉運動，讓李登輝的當選很不光彩。

這場選舉，也是台灣最後一次的「間接選舉」總統，接下來的1996年總統選舉，才改成「直接選舉」至今。

王朝鑫資助黃華政治運動，不是只有這一次。黃華1989年起推展「新國家運動」，王朝鑫都是最重要的金主，總是五萬元、十萬元慷慨解囊，面不改色。黃華隨後被以叛亂罪通緝，大多藏匿台中，所有生活開銷，全由王朝鑫和一位「台獨聯盟」（台灣獨立建國聯盟）盟員黃山貞包辦。

黃華1990年結婚，王朝鑫也是禮金一大包。為了感念王朝鑫的一路奧援、資助，黃華1991年喜獲麟兒，特別命名「鑫哲」，「鑫」字即為了紀念這位他運動中重要的貴人。

與陳婉真　情義相挺

台灣爭取民主、獨立的道路上，王朝鑫嘉惠的不是只有黃華，還有很多、很多，如陳婉真1991年來台中，成立簡稱「台建」的「台灣建國運動組織」，從租房子、買戰車（宣傳車），到舉辦

「叛亂餐會」，所有的籌備開銷，幾乎都由王朝鑫負責。「台建」成員坐牢、跑路，甚至一些生活困苦者，找到王朝鑫，他也都「有求必應」。

陳婉真1992年到台北縣（今之新北市）競選立委，加上另一隊人馬在進行「新國家運動」，選到中途資金見絀之際，王朝鑫帶著一本空白支票北上，開了三、四百萬元，把整本支票都開完才回台中。

陳婉真當選立委，很快到王朝鑫家致謝。王朝鑫看到陳婉真開的車，還是那部老舊的喜美轎車，陳婉真臨走時，王朝鑫拿出剛買不久的VOLVO940嶄新進口車鑰匙，交給她說：「當國會議員了，不要再開銅罐車（破爛車）。」幾天後，就把車子過戶給陳婉真。

王朝鑫參加突破黑名單街頭遊行。（陳彥斌提供）

1996年建國黨發起人會議，前排：王朝鑫（左三）、鍾逸人（左四）、李鎮源（右三）；後排：游善伯（左一）、羅隆錚（右二）。（羅隆錚提供）

王朝鑫的情義相挺，讓性格強悍的陳婉真每次談起，都面露感激。2001年，王朝鑫不幸被診斷出鼻咽癌已到四期，需北上和信醫院住院診治。此時的王朝鑫是人生最艱困時刻，因為除了重病纏身，他的財產、銀行存摺等，都因一場官司訴訟中，被對方設定「假扣押」，完全不能動用，一向海派的他，第一次為現金發愁。

王朝鑫的一時困窘，被陳婉真知道後，陳婉真立即拿30萬元到他家，解決了他的燃眉之急！

王朝鑫北上和信醫院前夕，對自己病情極不樂觀，所以做了後事交代，其中一項是他如「回不來了」，手上那支勞力士手錶要留給陳婉真，用於「回謝」陳婉真30萬元濟助。當被交代者向陳婉真透露時，陳婉真馬上變臉、盛怒，斥說：「這什麼話？他對我的支持、付出，30萬元算什麼？」

可見，在台灣人追求民主、獨立的道路中，同志、伙伴也充滿了情義流動。好在，王朝鑫治療過程順利，度過了這場癌症劫難。

有線電視獲利　回饋「台獨」運動

王朝鑫，何許人也？他為什麼那麼有錢？他為什麼那麼慷慨？

王朝鑫1948年生，世代務農，父輩在如今英才路、公正路、向上路，沿著綠園道至美術館、美村路一帶，擁有大片田地，算是「小地主」。土地在都更、開路後，雖然增值許多，但大部份被徵收。被徵收雖有補償費，可是他有五兄弟、三姊妹，分到也只是一部份。當然，所謂一部份也是不小財富。

不過，王朝鑫為了民主、台獨運動，之所以能花錢如流水，是1986年民進黨建黨後，台灣社會掀起翻天覆地的各種抗爭運動。其中，為了打破媒體壟斷，興起了地下有線電視台、地下廣播電台。世上之事難料，誰能料到這種衝撞、瓦解國民黨獨裁統治的社會運動，意外的讓不少從黨外到民進黨的民主人士賺了不少錢。

王朝鑫投資的台中「蕃薯有線電視台」，在有線電視台合法化後，在合併中獲益十倍以上；他投資的「望春風廣播電台」，在合法後，也被高價收併。真是「天公疼憨人」，原本為了衝破媒體壟斷的投資，竟然都獲得暴利。王朝鑫又善用這筆社會運動的意外之財，加上原就不錯的經濟能力，回饋了台灣的民主、獨立運動。

王朝鑫強烈台灣意識是怎麼形成的？他在農家長大，曾是不喜歡讀書的浪蕩少年，出社會後，因父親是如今的台灣中小商業銀行不小股東，而進入銀行工作。但天生正直的他，對當時銀行存在的一些潛規則陋習很不適應，如他是放貸部專員，客戶辦成貸款後，要「回饋」部分比率的「謝金」給相關業務人員。他不僅拒收，且常公開抨擊，以致銀行工作越做越不愉快，終於分道揚鑣。

不過，王朝鑫不貪不取的正直性格，卻獲得台中一家大飯店陳姓老闆的欣賞。1981年間，邀他和一位銀樓業者，合夥開設當時台中很知名的「天王西餐廳」，並由王朝鑫出任現場經理，總綰經營、管理工作。從此，他從銀行上班族，走進餐廳事業。

「天王」位於綠川西街千越大樓三樓，緊臨台中火車站，當年是最熱鬧的街區。「天王」不僅是西餐廳，並有當時流行一時的歌星、影星餐廳秀，包括當年甫從日本返台的白冰冰，及沈文程、廖峻、阿吉、孫情……等紅極一時的歌星，都曾到「天王」登台或駐唱。

只是，西餐廳、登台秀，表面看來風光，其實經營不易，在台中名氣響亮的「天王」，經營兩年多後，於1983年間落幕、結束。收拾經營天王西餐廳的疲憊身軀，閒不住又充滿挑戰性格的王朝鑫，竟接受一位好友提議，遠赴西班牙馬德里投資餐廳，當時他連歐洲都沒去過，西班牙語他一句也聽不懂。

王朝鑫的歐洲夢，不到一年就夢碎，他甚至已經忘記當年在馬德里的餐廳店名。但這場短暫的歐洲尋夢之旅，意外的卻讓他種下台灣意識的根苗，返台後，一躍為追求台灣民主、自由、獨立的先鋒。

何康美啟發　獻身「台獨」運動

注入王朝鑫台灣意識的，是長年旅居比利時，在魯汶大學研究、工作的何康美。她是台獨聯盟在歐洲最活躍的幹部。每逢假期，就隻身巡遊歐洲各國，尋找台灣同鄉傳遞台灣人理念，一起關心台灣，一起為台灣努力。

何康美事後回想，也已經忘記在馬德里啟發王朝鑫的印象。她說，那是台灣戒嚴時期，海外同鄉大多不敢過問政治，對追求台灣獨立更是退避三舍。主要是國民黨特務無所不在，如被註記成為黑名單，可能就會被關上回台的大門。所以台灣同鄉在歐洲，都努力在拚經濟，且大部份都在開餐廳。而她只要有機會，就會如傳教般宣傳台灣意識給台灣同鄉。

何康美於1991年偷渡回台。來到台中時，王朝鑫主動找上她，以地主身分盛宴款待這位啟蒙者，讓何康美相當感動，對自己多年來的奔走歐洲各國的成果，也感到欣慰。畢竟王朝鑫原本開西餐廳、經營歌星秀，涉足娛樂界，出入舞廳、花天酒地是生活日常。但從西班牙回台後，卻徹徹底底變了一個人。

啟發王朝鑫台灣意識的何康美。（何康美提供）

王朝鑫1984年間回台，不再聲色犬馬，轉而強烈關心台灣民主運動。那時黨外陣營正在衝撞組黨禁忌，王朝鑫很快認識坐了三次政治牢的陳博文，逐步邁入黨外陣營，出錢出力。這時期，他也認識了已故立委劉文雄，兩人都個性瀟脫，不拘小節，成為莫逆之交。

1986年民進黨衝破黨禁成立，1987年在台中設立黨部，陳博文成為首任市黨部主委，王朝鑫是經費奧援的一大主力。尤其當時正值社會運動百花盛開，從「取消戒嚴」、「抗議萬年國會」、「總統直選」到農民、工人、原住民、婦女……等各種抗爭，大多由民進黨黨員率先發難。

1988年王朝鑫（左二）參加新國家運動於立法院羣賢樓外，左一為黃碧棋。（楊芸鳳提供）

每逢全國性抗爭，總是在台北街頭遊行，台中市黨部當然要發動北上聲援。動員前夕，市黨部執行長陳彥斌常會接到王朝鑫電話，表示動員多多益善，也不用收費，遊覽車資、便當費用等，他都會負責。有時他一個人承擔，有時他與劉文雄平分支付。

恩怨分明　戰勝癌症

他也大力奧援民進黨提名的市長、立委、議員候選人，很多民進黨選將都曾受惠他的經費挹注。不過，慷慨的王朝鑫，自認好惡分明，擇善固執，民進黨公職表現如不符他的期待，他就破口大罵，毫不留情。了解他的黨員形容：「得罪他，比得罪當時的兩大報《聯合報》、《中國時報》，及老三台『台視』、『中視』、『華視』，五大媒體加起來，還可怕！」因為他罵人不僅公開，且會召開記者會抨擊，完全不留餘地。

1996年建國黨成立，王朝鑫馬上投入，他提供位於台中美村路的二樓空間，作為建國黨台中市黨部，從此退出民進黨。但建國黨是理念型政黨，台灣在選舉掛帥下，建國黨發展不易，王朝鑫也逐漸退出政治的吵雜舞台。

早年黨外友人聚餐，前排坐者左起：張溫鷹、王朝鑫、林樹枝；後排站者左起：林淑婷（王朝鑫太太）、陳俞融、陳婉真。（王朝鑫提供）

2001年，王朝鑫因常鼻塞、流鼻水，多次在耳鼻喉科看診未癒後，轉到大醫院徹底檢查，才知不幸罹患鼻咽癌，而且已到難治的第四期。很快安排到台北和信醫院醫治，歷經痛苦的化療流程，才保住一條命回台中。從抗癌的漫長、辛苦過程，可以看出他堅強生命力。

前法務部長陳定南很欣賞王朝鑫，每次到台中，都會拜會他。就在王朝鑫治療癌症時，陳定南也檢測出得了肺腺癌。兩人幾次交換抗癌心得，但看法各異；陳定南重視自然療法，王朝鑫則堅持為了和癌細胞對抗，他要吃大量上好牛排、魚排，有充足養份，也才能挺得過化療的戕害。

結果，發現時已鼻咽癌第四期的王朝鑫，如今還健在；發現時是肺腺癌第三期的陳定南，在2006年即告別人間。王朝鑫每次提到陳定南就聲淚俱下，說：「就是不聽我的話，才會死得那麼早。可惜呀！」

抗癌雖成功，但化療卻損傷了他的聽覺。而他病後，則積極參與公正路綠園道上的萬應公廟務，並蟬聯主委多年。這座廟的廟地以前也是王朝鑫家的田地。他每天晚上八點就上床睡覺，清晨三點多醒來，四點多天未破曉，他就到萬應公清掃，從廟埕到廟內，裡裡外外都打理一遍。除吃飯、睡覺，他每天也都幾乎守在萬應公。

王朝鑫性格剛烈，但急公好義。在追求台灣民主運動中，受他奧援、支持者難以數計，所以陳婉真給他一個傳神、貼切的名號——「民主萬應公」。

白袍下的民主之聲
——張啟中

採訪、撰稿：周馥儀

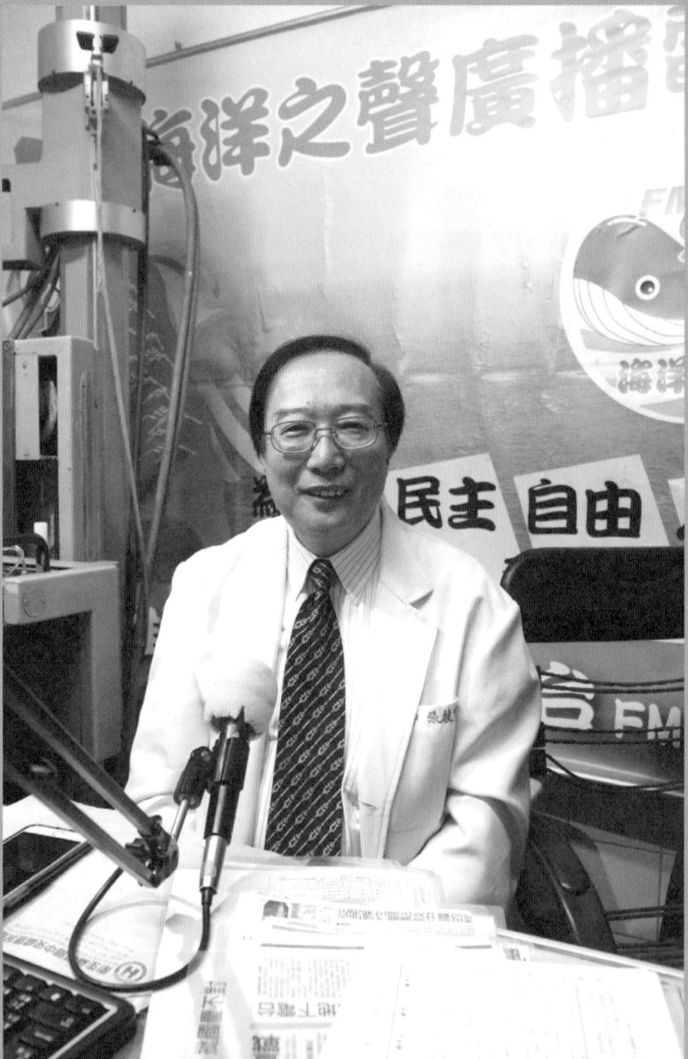

傳遞民主聲音，張啟中醫師永不疲憊。（洪碧梧攝）

張啟中熱愛電台發聲，也熱心為民眾義診。（張啟中提供）

「各位空中朋友，大家好！我是張啟中、張醫師。真歡喜今仔日恰大家佇空中見面！」渾厚有力的嗓音，從台中後火車站的育民診所地下室傳送而出。每到播出時間，張啟中就穿著一襲白袍，透過網路放送「海洋之聲」廣播，跟聽眾朋友暢談健康醫學與政治時事。

難以喘息的高壓空氣

1949年生的張啟中醫師，是1990年代中台灣地下民主電台的靈魂人物。從「總統之音」到「海洋之聲」，擁有廣大忠實聽眾。他也曾走出「地下」，站上政治舞台，代表建國黨參選國大代表。有別於遭受白色恐怖的沉默父親，也違背祖父不能談二二八的禁忌。張啟中醫師的家族經驗，彷如台灣三代人，面對日本殖民到黨國戒嚴的政治縮影。

張啟中的阿公在日本時代擔任總督府文官，成為「國語家庭」。父親畢業於台北帝國大學農學部，戰後在台灣銀行總行工作。1947年，張啟中父親在上班途中，差點被軍人槍殺。「我父親聽到有人在電台播送：『公務人員上班了！』就牽著孔明車出門，在台北安東街路口碰到阿兵哥，阿兵哥拿槍要射他。原來，那時候戒嚴、宵禁不能外出，可是父親聽到廣播，無法分辨，以為已經解除宵禁，就牽著車出門。父親趕緊拿出「台銀」的公務員名牌表達身分，才逃過一劫。但阿兵哥當下甩了我父親一巴掌。他的耳膜破了一個洞，從此以後只能靠一邊的耳朵聽。」

不只父親差點死於槍下，疼愛他的阿公也交代絕對不能講「二二八」。他小學數學很好，都考第一名。阿公問他：「114加114等於多少？」，他回答「228」。阿公甩了他一巴掌，他又再說：「阿公，真的啦！228！」，阿公又甩他一巴掌。之後，他才知道「二二八」是不能說的禁忌。二二八事件後，他父親一位大學同學在白色恐怖下被檢舉「知匪不報」，差點被槍斃。

張啟中從小練就一身「偷聽」阿公說話的本領。很多時候，阿公不想讓他聽的話，就會用日語跟他父親或叔叔講，他聽著聽著長大後，當了醫生到原住民部落義診，反而能用日語跟原住民溝通。他印象深刻，小時候住在安東街房子，鄰近都是日式宿舍，國民黨來台後，一邊被調查局局長佔領，一邊被海軍司令佔領。他常看到阿公把耳朵靠在玻璃窗上，原來阿公在偷聽隔壁調查局長說要抓誰，阿公越聽越發抖，也「咻咻咻」一直氣喘著；當時他不懂為何阿公會這樣，長大後當了醫生，才知道阿公跟父親的「氣喘」，與長年黨國戒嚴下的監控有關，內心交戰讓他們氣喘好不了。父親退休後，到國外照顧孫子，沒有戒嚴壓力，張醫師及台大醫師都治不好的氣喘，竟然自然「痊癒」了。原來，頑固不癒的氣喘，有一大部分的原因是內心潛在莫名的壓力。

黨外雜誌的搖籃　三榮印刷廠民主萌芽

雖然家中有「不能談二二八」的禁忌、「不能碰政治」的家訓，但張啟中的叔叔張榮華開三榮印刷廠，卻印「黨外雜誌」，跟黨外領袖黃信介往來。每次黨外雜誌印好，叔叔張榮華就用機車載著，騎到銀行，把黨外雜誌丟給張啟中的父親，也跑到醫院把黨外雜誌抛給張醫師，「緊！後面有爪耙子！我要緊走！」父親則緊張地要張榮華別再來銀行：「你袂來！這是公家機關！」

《美麗島雜誌》就是在張榮華的印刷廠印製，1979年12月10日黨外人士在高雄舉辦世界人權日集會遊行，爆發「美麗島事件」。國民黨展開大逮捕，黃信介被判處有期徒刑14年。之前，黃信介自認早晚會被捕，為避免政治犯財產遭沒收，將部分財產過戶給張榮華。1987年台灣解嚴，黃信介假釋出獄，張榮華把財產全數歸還，可見珍貴患難情誼。

張啟中從中山醫學院醫學系畢業後，開業當外科婦產科醫師時，他趁著到美國開會，跑去書店買所謂的「禁書」，花一、兩週把書看完再回台灣。黨外雜誌與禁書的內容大大衝擊了他。但他沒有意料到，解嚴後自己會用「廣播」宣傳台獨理念，從黨外雜誌、禁書的讀者，變成地下民主電台的主持人與經營者。

媒體轉型　地下民主電台之春

「黨外雜誌」在戒嚴時期，是批判國民黨的主要異議媒體，捲動台灣民主運動，黨外人士也逐漸零星贏得縣市長、立委增額選舉。1986年民主進步黨成立，民主化浪潮難以抵擋，1987年蔣經國宣布解除台灣長達38年的戒嚴。媒體開放下，黨外雜誌的吸引力逐漸下降。

然而，為了建立強有力的電子媒體，來反制當時一黨獨大的國民黨。又因「影像」媒體成本太高，民間發展出無照的「地下民主電台」。張俊宏1992年競選立委時，率先以簡易低功率的發射器發聲，取名「全民電台」，成功號召支持者，順利當選，開啟了「地下民主電台」風潮。

2008年張啟中（後排右五）與醫師團赴美爭取讓台灣加入WHO，同行者有吳樹民（後排右三）、張富美（前排右四）。（張啟中提供）

1994年省長選舉，地下民主電台的影響力，從台北擴散到全台各地。代表民進黨的陳定南，打出「四百年來第一戰，要把台灣變青天」。很快贏得台灣人認同，全台十幾家地下民主電台聯合放送，形成宣傳利器，聽眾搶購募款餐券、競選省長紀念幣，也一舉解決陳定南的競選經費。

中台灣地下民主電台在這時期蓬勃發展。1994年陸續有「青天電台」、志明成立的「正義之友」。及企業家郭永芳出資一百萬元，在西屯區水崛頭成立「望春風」電台。郭永芳請中研院原子與分子科學研究所副研究員陳貴賢（現任中研院原分所特聘研究員兼所長），支援電台播音技術，打造了「望春風」。

有別於地下民主電台都是「全政治」，「望春風」期待成為社會運動的電台，由中興大學教授廖宜恩當發起人、就讀東海大學社研所的廖英良運作台務。台灣教授協會、醫界聯盟、教師聯盟、主婦聯盟等台中社團，以及學者林茂賢、《自立晚報》記者陳彥斌等人，都在電台固定主持節目。期間多次被抄台，但都在聽眾熱烈支持下又復台。

針砭時政　多元的空中論壇

1996年台灣首次總統民選，民進黨提名彭明敏參選，此時台中有多家地下民主電台。張啟中開始在「總統之音」主持節目，電台主導者綽號「蕃薯籤」，台址設在大肚山遠東街。另有「青天」（前身為正義之友，志明主導）、「美麗島正義之聲」（創辦者林豐喜，設於豐原高爾夫球場附近）、「正義之聲」（前國代王戴春滿出資，遊園路旁）。

張啟中主持的節目有「健康醫學」、「性不性由你」、「政治評論」，每天因應時事談不同主題。他上節目都會帶當天報紙，以《臺灣時報》、《自由時報》「健康」專欄跟聽眾談醫學知識。如：冬天寒流來，如何預防「斷腦筋」（腦溢血、中風），節目有一半講醫學知識，一半開放聽眾Call in，但聽眾Call進來大多在評論政治。當時反核運動正熱烈，他平時要看診無法北上參與，也透過節目宣傳「反核四」。

張啟中在「總統之音」主持兩小時節目，他會先在片頭播放彭明敏的競選歌曲〈海洋國家〉，接著半小時講健康，半小時接受民眾Call in。再用半小時講政治，半小時接受民眾Call in。有些熱情聽眾還會用錄音帶錄下對時事的看法，寄到電台給他，他也會在節目上播放。

張啟中（前排坐者一）、林益勝（後排左一）攝於「海洋之聲」播音室。（張啟中提供）

張啟中主持節目，讓聽眾講、聽眾問，即使是對立的「統派」言論，也理性溝通，長期下來有許多死忠聽眾。如外省二代的練國良（綽號老練）東海社會系畢業，是Call in常客，他總是用標準又慢條斯理的「國語」談政治，也會問醫學，原有的大中國思想漸漸改變，變得很愛台灣。1996年總統大選，張啟中在節目上重力批判李登輝是「國民黨的走狗」；電台聽眾最反感的則是林洋港、郝柏村搭擋，最支持的是彭明敏。投票前，中共展開軍事演習、武力威嚇，更激發聽眾們的危機意識，透過Call in表達守護台灣的意志、決心。

他也曾邀請二二八受難者、《臺灣新生報》總經理阮朝日之女阮美姝到「總統之音」，做一個節目「陰暗角落的哭泣聲」。每週一天到電台錄音，每次長達四、五小時，接受Call in，也進行側錄。器材雖然陽春、簡陋，但為阮美姝留下珍貴的聲影，至今在網路上都能看到。投入地下民主電台，也讓張啟中有機會更了解台灣悲情的二二八，以及白色恐怖許許多多故事及祕辛。

不畏抄台勇敢發聲　捍衛言論自由

1996年總統大選後，「總統之音」電台改名為「海洋之聲」，繼續在體制外發聲，請台大電機系教授們協助架設FM微波，由馬榮慶老師擔任台長，林益勝實務管理，並維護發射台的微波。大地文教基金會創辦人楊緒東醫師，提供在文心路大樓的一處空間，讓「海洋之聲」免費使用。

同時，辜寬敏、許世楷博士、李鎮源教授等人成立的「建國黨」，與「海洋之聲」理念相近。張啟中醫師擔任建國黨執行委員，也被提名參選末代不分區國大代表，透過選舉宣傳台獨建國理念。但「海洋之聲」始終無法合法化，不斷被抄台。每次抄台，林益勝就要抱著電台最重要的播音器材跑，也曾被抓，甚至關進看守所。

張啟中回憶三位總統任內的抄台差異：李登輝總統任內，新聞局派人抄台是年初、年底各抄一次。2000年政黨輪替後，陳水扁總統上台，一樣照抓，維持一年兩次，年中抓一次，年底抓一次，意思意思交差。2008年馬英九上任後，變成一個月連抓五次，台長、執行長被移送法辦、抓去關，一次交保金就要10萬元，對電台的負擔相當大，「海洋之聲」只好轉型為網路化。

在抄台的攻防戰中，張啟中在法庭上，以「言論自由」跟法官抗辯，法官到最後只能以「運用微波有妨礙飛安之虞」駁回。他繼續跟法官抗辯：「如果會干擾飛安，我們電波都朝向台灣海峽發射，就可以讓中共的米格機掉下來！應該要感謝我們……」，法官聽了氣得說：「再說！就把你扣押！」

中臺灣的民主公益電台 ~ **海洋之聲** ~ FM 95.9 節目表 2008年03月25日

	禮拜／時間	禮拜一	禮拜二	禮拜三	禮拜四	禮拜五	禮拜六	禮拜日
上午	08:00 ~ 10:00	臺灣人俱樂部 韋天軍 阿生						針線情 王園園
	10:00 ~ 11:00	健康的革命 施錦輝	台灣長壽國 洪秋楨	健康的革命 施錦輝	台灣長壽國 洪秋楨	健康的革命 施錦輝	台灣長壽國 洪秋楨	臺語新樂園 王昌淳 李順涼 林正雄 林義和
	11:00 ~ 12:00	陳教授教你食百二 陳昭鈴	創業加油站 蕃薯藤	陳教授教你食百二 陳昭鈴	送你健康 林中柱	陳教授教你食百二 陳昭鈴	臺灣鄉土情 簡珠清	
	12:00 ~ 12:10	海洋中晝新聞 麗君 阿銘						海洋e呼喚 康勇盛 大洲
	12:10 ~ 13:00	面對趨勢走尋汽油 大洲						
下午	13:00 ~ 14:00	喜樂平安咱臺灣 大洲	臺灣國臨時政府 陳吉雄	日語時間 盧怡秀	新世紀新女性 玉如 麗君	海洋台灣快樂姊妹 玉如 吳英偉	紅樹林的讀冊聲 阿棟	
	14:00 ~ 15:00	送你健康 林中柱	實事求是 簡慶璋	頂上功夫 阿珍	喜樂平安咱臺灣 大洲		臺中100年 莊蕙碧	芬芳e玉蘭花 國愛
	15:00 ~ 17:00	快樂廣播網 鄭新助						法律生活漫談 大有律師團 王春生
	17:00 ~ 19:00	甘露心聲 顏瑞興 梁牧養 鄭新助						大地的天空 Poney Amy
	19:00 ~ 19:03	海洋暗時新聞 阿銘					獨立思考 獨盟台中分部	咱e鄉土 賴錦生
晚上	19:03~ 20:00	菜市仔論政 保護臺灣大聯盟	新聞評論 張志梅	少年郎講台語 臺中教育大學台文系	臺灣的聲音 劉昭惠 陳彥斌	府會時間 陳福文		
	20:00~ 21:00		福爾摩沙 陳松茂			李登輝之聲 劉國隆		台灣嗆聲 台聯
	21:00 ~22:00	七彩人生 安童哥	快樂健康咱臺灣 阿清 阿里	七彩人生 安童哥	快樂健康咱臺灣 阿清 阿里	快樂健康咱臺灣 阿清阿里	中台灣向前行 阿勳	宗教與政治漫談 李政隆
	22:00 ~ 23:00	文明原鄉臺灣 何肅豐	天佑臺灣 張思忠 李登輝之聲 劉國隆	倚玉山向大海 蕭國良	醫學人生觀 陳俊峰	理財新天地 阿珍	幸福時間 陳令昌	
	23:00 ~ 01:00	電影与文化漫談 蘇和	新時代台灣人 阿嬌	健康醫學 張啟中	臺灣精神 王寶城 多元有機廣場 許國鳳	海洋台灣醫界時間 陳萬得 林恆立	生活凹凸鏡 白鷺鷥	勝煌臺灣 林珀璜

2008年海洋之聲電台節目表。（張啟中提供）

左：張啟中出席海洋之聲聽友會。（林益勝提供）
右：2008年張啟中（右）主持美麗島29週年紀念晚會。（張啟中提供）

走出法庭時，有一位負責測波的電信警察跑向他，說：「張醫師、張醫師，我也是台灣人！真失禮！實在是工作任務不得已。」之後，甚至有個檢察官竟在晚上找到電台來。當時他擔心檢察官是要來搜索、抄台，便把最重要的播音器材抱起來，準備逃跑。結果，這位檢察官不是要抄台，而是要來幫忙聲請大法官釋憲。2003年3月「海洋之聲」被抄台沒收設備，林益勝及張啟中等人認為法院此判決與憲法牴觸，而透過法界人士相助，聲請「釋字678號解釋」。

「海洋之聲」在2003年登記為「台中市臺灣海洋傳播協會」，由張啟中醫師擔任理事長。如今，「海洋之聲」轉為網路化後，張啟中醫師仍定時在空中發聲，談醫學知識、分析及評論時政。從阿公叮嚀「不能碰政治」到成為傳播「台獨意識」的地下民主電台主持人，張啟中醫師數十年來的關心、參與、投入，成為「黨外雜誌」、「地下民主電台」傳播台灣意識的見證。

民主抬轎人柯文清與民主鼓手黃碧棋

採訪、撰稿：廖建超

柯文清熱心民主運動，圖為他舉牌參加遊行抗議。（柯文清提供）

柯文清參加友人告別式。前排左起：林子玉、黃碧棋、張黃綉花、廖坤輝、柯文清；後排左起黃昌彬、李和周、廖景昌、鐘益生，及江克能（右二）、張義（右一）。（楊芸鳳提供）

台灣人追求民主的過程中，群眾運動與參選公職是兩條實踐的路線。鎂光燈之外，不被大眾記憶的容顏，卻是這群深耕基層的抬轎人。柯文清與黃碧棋這對長年伙伴，正是草根民主運動者的典型。

至今活躍於台中社運與政治場域的柯文清，1950年生於台中市中區。最早的政治意識萌芽，起因幼年時，父親從事印刷業，遭人構陷印製假鈔被捕。在求助無門下，請動曾任台中市議長的蔡志昌出馬，方得交保。這是他第一次感受到在政治晦暗下，一個普通人面對巨大的國家機器是何等無助！第二次對國民黨政權的裙帶關係有深刻體認，則是因為沒有入黨，服海軍役時，被排除在敦睦艦隊出國的名單。黨籍竟成為判定忠誠的標準，他至今仍憤憤不平。

丸中餐廳的台式政治沙龍

約莫1979年前後，位於光復路柯文清住家的騎樓下，時常聚集關心時局的人士泡茶、討論時政，其中也有雖屬國民黨籍，卻不滿國民黨統治的台中「十四大哥」幫成員，如連福生、陳平閣。比柯文清年長18歲的黃碧棋和友人羅榮貴也常出入聚會。戒嚴時期，此等集會怎能不引發情治單位注意。因此特務就在對街佈建一組人員監視，柯文清至今仍記憶深刻。

台中黨外人士歡迎張春男，柯文清（前左一）、廖景昌（前左二）、張春男（前左三）、范政祐（前左四）、黃碧棋（張春男左後）、王公亨（廖景昌右後）、賴志川（右二）、林榮宗（前蹲者左）。（廖景昌提供）

這批喜歡品評政治時事的朋友，之後擴大規模，在已故前光音里長林子玉開設的丸中餐廳，固定每個月聚會一次，餐會採取邀請制。出席者包括張深鑐、何春木、許榮淑……等黨外名人，台中市長曾文坡與時任記者的沈智慧也曾受邀參加，藉宴席掩護政治聚會。當時的警總對如此具有高度政治性的餐會極為敏感，餐廳對面總埋伏數十位警總人員監控。餐廳裡，情治人員假扮服務生，藉上菜的機會偷聽與會者的一言一行；更有甚者，省去假扮侍者的偽裝，直接搬個椅子，大剌剌坐在餐桌旁監看並記錄。

美麗島事件與林宅血案，對柯文清而言是極大刺激。1980年底，許榮淑以美麗島事件受難者家屬身分參選增額立委，在黃碧棋的相約下，柯文清積極輔選。兩人負責在政見演講會場販售黨外雜誌，並以此收入彌補選舉經費的不足。他回想當時民眾非常熱情，一本訂價50元或100元的雜誌，有的人會直接給五百元免找。一晚下來，有時收入曾達數萬元，對選舉的龐大開銷，助益頗大。

加入民進黨　擔任黨職

1986年黨外公政會在全島各地成立分會，同年6月6日台中分會成立，柯文清在位於五權路、三民路口的許榮淑服務處騎樓，宣誓加入；年底民進黨創立，柯文清因是「公政會」成員，所以是建黨黨員。1987年民進黨台中市黨部成立前，台中市99位黨員在象王飯店宣誓入黨。長期戒嚴體制下，雖說當時已見威權的鬆動，但國民黨反動勢力的箝制力量仍然巨大，柯文清回想到這段直說：「會加入黨外公政會與民進黨，當時是抱著拚尾帖藥（台語，最後手段的意思）的心情，若拚得過去，日後將打開一條民主道路；若拚不過，我已做好隨時犧牲的覺悟！」加入民進黨後，他曾擔任過台中市黨部的評委、執委，亦曾擔任市黨部的行政組長和台中市、全國黨代表，伴隨民進黨成長。

從黨外時期的吳哲朗坐監惜別會（1979年）、桃園機場事件（1986年）、廢除萬年國會（1987年）、聲援許蔡案（1987年）、新國家運動（1988年）……等社會抗爭，柯文清從不缺席。但最令他難忘的，當屬1992年，為了爭取總統直選所發起的「四一九大遊行」。群眾佔領台北車站與忠孝西路，白天鎮暴警察與遊行群眾衝突，學生遭到惡意毆打；晚上，大家把報紙、紙箱鋪在台汽西站外的路面，席地而睡，日夜抗爭，四年後終於爭取到台灣第一次總統直選。

1986年「公政會台中分會」成立，舉行會員宣誓。當時情勢緊張，敢參加者不多，尤其上台宣誓者更少，黃碧棋（後排右一），前排：許清海（右一）、賴茂州（右二）、張深鏞（右三）、許榮淑（右四），監誓人尤清（左一灰色西裝者）。（楊芸鳳提供）

1987年「鑼聲若響」行動，黨外人士迎接張俊宏出獄返鄉。柯文清擔任活動糾察（戴有民進黨旗糾察帽者）。（王公亨提供）

兩屆里長選舉　難忘深鑐仙幫忙

柯文清不但參與街頭抗爭，也投入中區柳堤里里長選舉，可說是「民主小草」的先驅。早期的基層選舉，不是買票就是請客吃飯，如同迎神拜拜，少有公民參與公共事務的訴求。他一改昔日選風，搭設舞台舉辦演講，邀請公職人員與地方賢達宣揚民主理念，黃碧棋則是他頭號助選員。這種選舉方式令人耳目一新。可惜的是兩次參選都以些微票數落敗，柯文清直言這是他個人實踐民主的方式。參選過程中，最難忘的當屬黨外大老張深鑐、許榮淑與劉文雄等人，對他的疼惜，不僅出錢贊助經費，更常到競選總部關心、鼓勵，如此情誼，他至今感恩在心。

柯文清競選柳堤里里長，黃碧棋、藍素玲合影。周明一（後右二）、連福生（後右一）。（楊芸鳳提供）

台獨是一生的志業

認同台灣獨立的柯文清，在楊金海的推薦下，1991年參加台獨聯盟美國本部在聖地牙哥舉辦的營隊，並宣誓加入「台獨聯盟」。此次營隊，班主任是李瑞木博士，團長則是尤宏。團員大多是高雄人，只有賴貫一、林芳仲兩位牧師和他來自台中。他回憶說：「營隊期間，課程充實、緊湊，透早李瑞木博士帶領做早操，簡單早餐後便是各種課程，下午則是討論會，真正『硬篤』（台語，辛苦、艱難的意思）！」

民主運動的戰友黃碧棋

從柯宅騎樓下、丸中餐廳論政開始，黃碧棋和柯文清就一起參與民主運動。「這個人對台灣和民主，非常忠心。」柯文清不加思索說出對黃碧棋的評價。想起這位一起販售黨外雜誌，籌措許榮淑競選經費的戰友，心中無限懷念。

黃碧棋，1932年生，他的父親黃金算和張溫鷹的外公是親兄弟。終戰後他考上台中一中初中部，與前駐日代表許世楷是同班同學。1947年的二二八事件，他親身經歷台中的時局演變。2020年4月間、以88歲高壽過世的黃碧棋，生前回想「台中的二二八」，仍對市民大會、教化會館之戰與水源地體育場處決二二八參與者，印象深刻。之後會走上黨外運動爭取民主，始於目睹陳儀政府和廿一師在事件中的暴行。

1993年5月18日台獨聯盟台中辦公室成立，眾人合照，柯文清（左一）、何敏豪（左二）、黃碧棋（左三）、詹淑卿（左五）、王寶城（左六）、吳明宗（右三）、韓文吉（右二）。（楊芸鳳提供）

台北緝菸血案爆發後的隔天，台中市區開始騷動，有人上街張貼海報。當時黃碧棋住在自由路、成功路口，家中開設名為「芳月堂」的糕餅店，距離台中戲院不遠。3月2日市民大會當天，身材瘦小的他，擠到戲院門前，旁聽謝雪紅演講。

黃碧棋回想起整間台中戲院滿滿都是人，謝雪紅主持整場大會，幾位講者輪番上台控訴國民黨官員和軍隊的惡行劣跡後，謝雪紅做出結論：「警察局只需有十個人帶十支槍，戲院內的這麼多人就都會被控制。市民大會結束後，大家一起走到台中市警察局，將槍枝接收。」會後，群眾走出戲院、走到警察局，警局外的守衛還沒搞清楚狀況下，憤怒的市民一擁而上，佔領警局，並將槍枝收繳。

最令黃碧棋難忘的，是外號「加納」的何鑾旗，他將被看管的前台中縣長劉存忠押到警局二樓的露天陽台外，圍觀的群眾開始鼓譟，要求何鑾旗把劉存忠推下樓，讓憤怒的市民一人一拳「修理」貪官，但被何鑾旗拒絕，他說：「免啦！打人的代誌（台語，事情的意思）讓我來，打到他倒地為止！」表面毆打劉存忠，實際上何鑾旗卻是救了劉存忠一命，若交給群眾，難保不被打死。黃碧棋感嘆「何鑾旗是在救那些人，但他最後卻被國民黨軍人槍斃。槍斃前，我還看到他雙手被反綁、遊街示眾。」

他見證教化會館戰役中，台灣囝仔的英勇作戰；二二八後，在水源地（現在的體育場），國民黨軍隊將參與二二八的台灣人，綁赴刑場、執行槍決。在肅殺的氣氛下，只能隱忍等待時機，黃碧棋雙唇顫動、激動說出：「我會參加黨外運動，和看到二二八後台中的慘況，當然有關係。」、「國民黨官員和軍隊以戰勝者的姿態統治台灣人，把台灣人當作日本人的走狗，根本上看不起台灣人。」這是他的總結感受。

目睹台中公園事件　黨外人士被抹黑火燒台中城

1979年7月28日下午，黃碧棋帶著棋盤往台中公園走去，正打算和棋友殺幾盤。走到敬華飯店前，看見一輛掛著「中央民意代表選舉黨外候選人聯誼會」布條的遊覽車，停在飯店附近，幾十個警察將遊覽車團團包圍，阻擋黨外人士下車。他看到車上有呂秀蓮、艾琳達和陳菊，及背著麥克風的前國大代表張春男，對著警察喊話。

雙方對峙一段時間，黃碧棋眼見消防隊假借演習名義噴水，驅趕圍觀群眾與黨外人士。群眾往兩旁街道四散時，一個圍觀的年輕人滿臉憤怒，口中不斷重複「歹人要來台中放火」。黃碧棋把他拉到旁邊，並好言相勸「這些人是黨外人士，要來台中舉辦演講，並非放火燒台中」。可見當時各種謠言、耳語滿天飛，黨外人士被抹黑、中傷非常嚴重，要辦一場演講都被百般刁難。

1986年，吳哲朗意外當選商業團體國大代表，柯文清（左二）、李和周（左一）、黃碧棋（右一）贈送「民主之光」匾額祝賀。（楊芸鳳提供）

吳哲朗坐監惜別會　肅殺氣氛至今難忘

1979年四月時，吳哲朗和陳婉真為了挑戰報禁而發行名為《潮流》的地下刊物。不久，吳哲朗就因為一場假車禍案件，被起訴、判刑。服刑前，11月20日晚上，在台中太平國小舉辦「吳哲朗坐監惜別會」。黃碧棋正要走入學校參加時，見到路口、騎樓滿滿都是待命的鎮暴警察，無懼的群眾卻湧入禮堂內，晚到的他只能站在門外聽講。突然一陣騷動，喇叭傳出有兩人在操場外打架的聲音，引來聽講者一陣鼓噪。人在禮堂外的黃碧棋沒有看到打架的兩人，在主持人安撫下，群眾並沒有衝到外面。黃碧棋心想，要是群眾衝到外面必定和鎮暴警察衝突，也許這是一場失敗的陰謀。

這場吳哲朗坐監惜別會，原本規劃民眾舉火把遊街。但臨時協調只遊行到校門口，就熄滅火把。而這批（共二十幾支）火把，後來運到高雄，也就是12月10日「美麗島事件」中，群眾的遊行火把。台中黨外人士的自制，使這場被設計的暴動事件，沒有在台中發生。

黨外的鼓手　抗爭的前鋒

美麗島事件後，讓黃碧棋下定決心投入民主運動。隔年許榮淑以張俊宏牽手身分，代夫出征競選中部四縣市的增額立委。事件後的台灣仍瀰漫風聲鶴唳的殺伐氣氛，台中市沒人敢把房子租給許榮淑做為競選總部。此時，同為受難家屬的張黃綉花（張溫鷹的母親）伸出援手，讓出西法麵包店隔壁的部分空間充作競選總部。黃碧棋知道堂姊的義舉，加上外甥女張溫鷹，也因幫助施明德易容被判刑兩年，因此他義無反顧的擔任許榮淑的競選義工。

1997年黃碧棋（右二）與堂姊張黃綉花（右一）在張溫鷹競選台中市長總部前合影。（楊芸鳳提供）

黃碧棋至今留給昔日同志的鮮明形象，是他在遊行戰車上，與廖景昌搭檔奮力擊鼓的大無畏氣勢。兩人總將鼓聲擊得震天價響，不僅壯大遊行聲勢，也鼓舞大家繼續前進。

也是民進黨建黨黨員的黃山貞，憶起到土城聲援許曹德、蔡有全時，被一圈圈的鎮暴警察圍住。衝突中，黃碧棋被鎮暴警察拉進包圍圈內，同伴都為他緊張，不知道會遭受何等粗暴對待。想不到，黃碧棋很快從方陣中走出來。他臉上帶著一抹微笑對同伴解釋，他被抓入後佯裝鎮定，頻頻對警察說：「自己人！自己人！」憲警聽了也未再訊問，即放他離去。這次的危機應變傳出後，竟有人因而懷疑他是「抓耙仔」——情治機關派來臥底的特務，熟識的民主運動同伴都為他抱不平。

上：1988年2月28日二二八和平日遊行活動，黃碧棋（中）負責擊鼓。（楊芸鳳提供）
下：1986年11月18日戰鼓手黃碧棋（左）與搭檔廖景昌（右）。（楊芸鳳提供）

戰鼓聲逐漸遠去，台灣也經歷三次政黨輪替，但黃碧棋在今年（2020年）四月間因病過世。這位「民主鼓手」的咚咚戰鼓聲，卻讓昔日同伴永遠懷念；柯文清也因早年把時間、精力投入民主運動，至今卻領取中低收入戶的補助度日。雖說對現今政治的媚俗化、金權化，有些許失落，但問他是否後悔？他回答道：「只要台灣走上民主道路，早日建國，我的犧牲就有價值！」

台灣獨立革命軍軍長——黃坤能

採訪、撰稿：廖建超

黃坤能參加1989年世台會，抗議海外黑名單遊行。（黃坤能提供）

1987年1月20日，黃坤能（前排中）從獄中歸鄉，由警總特務護送回家，與親友鄰居拍照存證。（黃坤能提供）

「鄭評被槍決的那一天，走出牢房、押赴安坑刑場時，抬頭挺胸、昂首闊步，完全沒有因畏懼而腳軟。」台灣獨立革命軍鄭評案中，被判處無期徒刑的黃坤能，感傷卻又驕傲的轉述，在工廠工作的難友見到鄭評最後身影：「恁案頭（鄭評）真正勇敢，沒有給台灣人漏氣！」

黃坤能因涉及鄭評案，計畫暗殺蔣經國，但尚在討論，實屬「預備」叛亂時期就遭逮捕，原判無期徒刑，之後減刑為15年，入獄時年僅19歲。於解除戒嚴前夕（1987年1月20日），與因美麗島事件入獄的姚嘉文等20名政治受難者，在農曆年前被釋放。走出仁愛教育實驗所（台北土城仁教所）大門的黃坤能，已和社會隔離十幾年，為了重新適應社會和重新設定目標，先回到嘉義溪口鄉，在警總廖姓專員的介紹下到大林的嘉吉鞋業工作，半年後遞出辭呈，隨即北上，當時正是台灣街頭運動最狂飆的年代，他重新「歸隊」！

重新歸隊　定根台中

1987年7月15日解嚴，才剛踏出政治黑牢半年多的黃坤能，辭去工作後正逢「台灣政治受難者聯誼會」總會成立，8月30日的成立大會中，許曹德提案將「台灣應該獨立」列入組織章程；當晚在台北金華國中的演講會中，聯誼會臨時主席蔡有全則公開「主張台灣獨立」。許、蔡兩人的台獨言論，觸動國民黨政府最敏感的政治神經，不久將兩人傳訊、收押和判刑。

「那年社會瀰漫一種氣氛，就是一旦提到台獨，政府就要抓人，如果再不公開主張，往後恐怕連講台灣獨立的機會都沒有。大家都有對抗的共識，絕對不能安安靜靜被抓，而政治犯如果不敢踏出來，其他人更不敢！」黃坤能回憶起當時的社會氛圍，「走出來對抗」是這些政治受難者的共識。

1987年12月15日黃坤能聲援蔡有全、許曹德。（黃坤能提供）

1988年1月，蔣經國死後第三天，許曹德、蔡有全兩人主張台獨而遭判刑，蔡判11年，許判10年。反對陣營隨即升高抗爭力度，透過一波波社會運動，串聯全島！黃坤能與鄭文堂、詹益樺、陳明秋等人負責活動的前置準備。他印象最深刻的聲援許蔡活動，是回到台北後，在老松國小舉辦演講，萬人響應，群眾爆滿演講會場，遊行時還有年輕人沿途喊「台灣人萬歲」、「台灣獨立萬歲」，他也跟著喊到「梢聲」（聲音沙啞）！

同年10月，鄭南榕和時任台灣政治受難者聯誼總會會長的黃華，發起「新國家運動」，全島行軍，並推動總統直選、國會全面改選。黃坤能全心全意投入當時的街頭抗爭，幾乎無役不與。

1988年的520農民運動之後，張溫鷹打算參選省議員，向邱義仁與黃華詢問是否有適任人選前來協助。因此機緣，黃坤能來到台中，擔任張溫鷹競選服務處主任，同時兼任「台灣民主運動中區政治受難基金會」總幹事，台中會址就設在張溫鷹服務處（台中市成功路130號）。基金會的薪資一個月僅八千元，但同時要支付參加社會運動時的車資和各種開銷，經濟上時常捉襟見肘。直至1990年初，林雙不發起的「文化行軍」環島串聯之後，黃坤能為了照顧病重父親與結婚，在時任民進黨台中市黨部主委的吳哲朗邀請下，擔任黨部行政組長。

一生參加三個台獨革命組織

除了年輕時參加史明的「獨立台灣會」之外，黃坤能還參加台獨聯盟與一個由省議員黃玉嬌的先生翁廷允所召集的祕密革命團體。1987年出獄後，他先赴日本與史明取得聯繫，並學習社會主義與台灣民族論，同時，在日本任教的張良澤教授也與他接觸，並帶他見台獨聯盟總部主席許世楷，宣誓加入台獨聯盟。

黃坤能認為獨立建國並非一個人可以完成，必須結合各種組織，所以他加入「獨盟」，成為台獨聯盟日本本部的祕密盟員。回台之後，他暗中發展組織，考量到未來革命需要什麼樣的人才而吸收盟員。例如在文宣方面吸收台中知名記者張棋龍、電子設備則由在中科院工作的何子清負責，美編則是蕭杰的妹妹蕭惠娟，組織工作則打算吸收在YMCA工作的鄧文雄牧師。但鄧牧師因為宗教緣故，不直接參與組織運作。而後考量到婦女運動在日後台灣社會運動的發展，他吸收詹淑卿。

當時台灣獨立建國聯盟仍屬國民黨政府下的「叛亂團體」，組織工作只能單線聯絡，就曾發生蕭杰和蕭惠娟兄妹兩人同屬「獨盟」盟員，卻彼此不知道對方身分。日後蕭惠娟的丈夫跟黃坤能半開玩笑說道：「你差一點害我要看老婆和舅子，只能跑到監獄面會。」可見當時雖然解嚴，對台獨組織仍然高度政治敏感。

黃坤能參加URM訓練。（黃坤能提供）

最讓黃坤能無法忘懷的是翁廷允，及和他聚集的那一群歐吉桑。翁廷允是省議員黃玉嬌的丈夫，早年留學日本，待人處事一派紳士風範，在斯文的外表下卻深藏熱血。由翁廷允召集的數十個台灣歐吉桑，在街頭運動中時常扮演「衝組」角色，志同道合之下形成祕密的團體，時常在翁廷允位於台北青田街的住處開會，計畫如何行動。由於翁知道黃坤能的經歷，便邀請他加入組織。「我雖然被關14年，但在這十幾個熱血前輩中，卻是最年輕的成員。」

這群歐吉桑有組織、有計畫，隨時準備行動與犧牲，但熱情往往伴隨著焦慮與衝動，這些經歷過日本與中華民國殖民的老台灣人，認為未來台灣應該獨立卻深怕看不到建國的那天，深深感到時間的急迫性，想透過犧牲自己來加速台獨進程。黃坤能則以社會運動的角度告訴前輩們：「革命的功用在作為導火線，社會民怨要累積到相當程度，才能得到人民支持；面對李登輝的改革，國民黨黨內反動勢力與軍人仍握有大權，貿然行動極有可能中斷台灣的民主化。」最終，前輩們接受了他的建議。當年慷慨陳詞的老年革命軍中，如今只剩黃坤能一人。

矛盾中面對詹益樺自焚

「他是一個很沉默、木訥、古意的人，我的兄弟……」靜默片刻，黃坤能講述從知道詹益樺的自焚計畫到點火那刻複雜矛盾的心情。1988年新國家運動結束，原來的基層黨工各自回到家鄉，有人參與選舉、有人發展組織，詹益樺則回到南部做農民草根組織。「對台獨的急迫感與台灣社會的無力感，則是大家共同的情緒，最關鍵是鄭南榕的自焚。」他回憶起更早時，鄭南榕曾說過「我以死亡，讓你們做運動」，但當時治喪委員會並沒有計畫以治喪為名，向統治者抗爭。後來討論鄭南榕出殯的遊行路線時，許多人反對只從士林廢河道到中正廟，最終決定遊行至總統府。

「阿樺告訴我們這幾個兄弟，他決定以自焚作為抗爭。Nylon（鄭南榕綽號）出殯當日，只要遇到警察阻擋，他便丟出聖經，對同是基督徒，卻未行基督道路的李登輝總統，作最後的抗議。接著要點火自焚。」林永生、黃坤能與鄭評的長子鄭遷生都被詹益樺告知這項壯烈計畫。

得知自焚計畫後，黃坤能陷入極度兩難與矛盾，一方面不能公開、更不能跟其他人說詹益樺打算以死作為抗爭，一旦公布，按照詹益樺的性格，他非自焚不可；另一方面又不能阻止，這是他的自由意志的展現，「你們是我的兄弟，不用阻擋我，幫助我完成最後的抗爭。」黃坤能得知此事後，只能尊重詹益樺的決定，但仍希望最後他能打消自焚的念頭。「從告訴我們這些人之後，阿樺每天面對的是死亡和生命的倒數。」

1988年黃坤能參與新國家運動，在宣傳車上打鼓。（黃坤能提供）

鄭南榕告別式當天，鄭遷生騎摩托車到北投載詹益樺到士林廢河道，按照詹益樺的交代，黃坤能請四位從嘉義上來的黨工，包含鄭遷生五人，在遊行過程負責護送詹益樺。最後他要以和平的方式自焚，鄭遷生先前在摩托車上存放兩顆汽油彈，因認同詹益樺主張的URM非暴力抗爭精神，因而最後銷毀。黃坤能原來預定配合執行的汽油彈抗爭，也全部取消。「事件後，有民進黨部分人士說詹益樺的自焚是我的策劃，事實並非如此。」黃坤能說。

面對街頭最親密戰友的生命，分分秒秒正在消失，無人可以分擔壓力，也無法阻止，只能尊重同志的決定。矛盾、痛苦與死亡的預習，仍從回憶的傷痕中滲出。

經濟困頓下的革命情感

「有社會運動時，吃大鍋飯、睡行軍床，沒有活動時，只能吃自己。」黃坤能想起街頭運動最蓬勃時期，在經濟困頓中掙扎求生，在關鍵的民主轉型階段堅持下去。當時他在逢甲大學附近租一房間，要是不出門，便是在讀書，一天只吃一餐，還是在半夜兩、三點麵攤將要收攤前，只點一碗拉仔麵、配老闆附贈的清湯，就算是一天的伙食。偶爾中午時到其他同志家討論事情兼吃飯，就可以算得上飽餐一天；遇到經濟更困難的街頭運動兄弟，他卻不吝於疏財，將口袋中所有鈔票掏出，分其一半。

有次抗爭活動，幾個街頭兄弟苦無車資北上，黃坤能打電話跟太太商量，將家中僅有的一千五百元，拿出一千元資助這些夥伴。遇到生活真的過不下去，只好回到嘉義，向種田的父親要一些「所費（零用錢）」，父親從腰際的褲頭暗袋中掏出一卷紙鈔，沾滿泥土的手指點算十張鈔票後，隨口交代「卡儉開（省著花）」，又補上一句「敢有夠（夠嗎）？」又多彈數幾張大鈔。有一年除夕前，曾任民進黨台中市黨部執行長的陳彥斌，從皮夾掏出幾張鈔票塞給他，說：「坤能兄，我在報社上班，也沒什麼錢，過年要到了，你也要過年！」黃坤能想到這段經濟拮据的過往，他說道：「很多兄弟都是這樣支援、相挺，這是珍貴的革命情感。」

挫折中始得思想轉變

從最初聽聞二二八時嘉義大屠殺，基於義憤和樸素的民族主義，黃坤能參加鄭評的革命行動，獄中接觸到不少前輩與書籍；出獄後不久投入民主運動，他說台灣獨立對他而言，是一個過程與方法，最終是要建立一個民主、自由、平等而人人幸福生活的社會。他反問：「如果台灣獨立後是一個獨裁的國家，這是我們所要的嗎？」

1988年黃坤能擔任台灣民主運動中區政治受難基金會總幹事。（黃坤能提供）

從事街頭運動的他，台獨形象鮮明、言詞中充滿批判性，批評當時的民進黨只講「民族自決」而不敢公開「主張台灣獨立」。議會路線的公職人員又缺乏理想性，幾年下來，建國運動不見顯著進展下，他開始自我反省。

之後，黃坤能改變做法，無論街頭運動、演講會，他都邀請公職參加，並讓其掛名，以此結合民進黨、民間社團與地方議員。透過參與選舉，將台獨的理念放入文宣，隨著候選人的政見廣傳，並以選舉作為街頭運動和人民互動成效的檢驗方式。1988年民進黨通過「四個如果」，即「主張台灣獨立」決議之後，他決定入黨。

自從台灣選制改為單一選區兩票制後，候選人的主張往中間靠攏，爭取所謂中間選民的選票，尤其立委選舉到總統大選，沒有候選人願意主張台灣獨立。「從前有人說到了選舉才會喊台獨，如今連選舉也不喊了，以往大選區下還有少數候選人主張台灣獨立，現在一個都沒有，這是現實！」黃坤能無奈地說：「這是我的挫折，從18、19歲到今天，已66歲，離我追求的理想還很遙遠！」

永不後悔的台獨運動人生

回首將近半世紀在台灣民主道路的拚搏，黃坤能從不後悔自政治牢獄再次走入群眾運動，「如果再讓我選擇，我還是會選這條路。」他將經濟困頓、戰友生命的消逝、運動中諸多挫折當作人生的另一種歷練，「在受苦的過程中，才能思考生命的意義在哪裡！」

山頂來的麥克風手
——許秀嬌

採訪、撰稿：洪碧梧

1991年12月11日民進黨林俊義參選國大代表（第一選區：東、南、中、西、北區），在掃街拜票時，許秀嬌擔任麥克風手。（許秀嬌提供）

2000年陳水扁競選總統，水噹噹婦女聯盟在台中辦造勢活動，由許秀嬌主持（左一），陳水扁（左二）、張溫鷹市長（左三）、台中縣副縣長劉世芳（左四）。（許秀嬌提供）

初試啼聲　確立麥克風手地位

「請大家支持清白、正直、勇敢的王世勛！……」響亮的女性嗓音，在台上連喊了數小時。這是王世勛競選連任台中市東南區市議員的某一晚造勢活動。首次拿主持棒的許秀嬌，讓輔選伙伴留下深刻的「聲影」。這是女性參與政治活動仍屬罕見的1990年。

許秀嬌，人稱「阿嬌姐」。她原本幫忙坐鎮王世勛競選總部，某一晚東區、南區各有一場政見會，陳彥斌（時任競選執行總幹事）正為找不到主持人而頭大，阿嬌姐自告奮勇說讓她來試試。三十幾歲的她，雖然初拿主持棒，卻一點都不緊張。站上台穩穩地扯開嗓子宣傳著王世勛的訴求，還能跟台下民眾互動。從這一晚開始，阿嬌姐「麥克風手」名號一炮而紅，從此大大小小的造勢活動，常指名她擔任主持。

2000年在阿扁競選總部（台中市文心路）訓練麥克風手，許秀嬌擔任講師，課程是「女人發聲：麥克風手訓練」，第一課是丹田提氣。（許秀嬌提供）

除了主持政見會，阿嬌姐也常要站「選舉戰車」。當時中華路夜市很熱鬧，選前之夜候選人都會前往造勢，藍、綠兩軍宣傳車相會、交鋒、較量時，麥克風會立刻傳到她手中。她以渾厚、高亢音量大喊：「選舉用買票，凍蒜一定歪哥！」也會喊民進黨及候選人的政策、口號。阿嬌姐說：「當麥克風手反應要快、不能結巴，喉嚨也要『勇』才可以撐夠久。」

阿嬌姐曾輔選主持的候選人有王世勛、林俊義……等。那時民進黨選舉經費難籌，政見會場子要熱，才能為候選人募到更多捐款。為了吸引更多民眾，常會找口才極佳的台派名人助講，像是作家吳晟、苦苓、二七部隊部隊長鍾逸人……等。但要論最強的募款明星，要屬前立委朱高正，他口才好，又敢衝，是民進黨建黨初期最耀眼政治人物，令阿嬌姐印象最深刻的一次，是朱高正有一次來台中演講，熱情民眾捐款捐到募款箱塞不下。

2000年阿扁競選總統，當時「中台灣水噹噹婦女聯盟」兵分好幾路掃菜市場拉票。此外，聯盟開課培養女性麥克風手，阿嬌姐擔任講師。她的課首先教丹田發聲，劉彩禎、陳麗玲、何欣純都是當時訓練出來的好手。水噹噹中部七縣市聯盟在阿嬌姐的帶領下，做得有聲有色。當時宋楚瑜「興票案」爆發，她帶水噹噹同伴在台中國美館前演行動劇，劇名「尋找一億四千萬的長輩」，登上隔日報紙頭版頭；為了讓婦女更願意關心政治，水噹噹成員在菜市場唱歌、打鼓、發競選傳單。2000年總統選戰她日以繼夜投入，甚至常把剛上小學的小兒子留在安親班過夜。2006年爆發「扁案」，她說：「很洩氣！我後來對政治比較冷淡，這是原因之一。」

2000年為諷刺興票案，許秀嬌（前排右一）帶領水噹噹婦女聯盟的成員們在台中國美館前演行動劇「尋找一億四千萬的長輩」。（許秀嬌提供）

老師眼中的問題學生

許秀嬌，1956年出生南投縣水里鄉山上，父親許烏銅靠著辛苦種作果樹、打零工養大四個孩子。排行老三的阿嬌姐念永興國小時，每天要走五公里山徑到學校，回家又是五公里，實在不方便。從國中以後就獨自在外租屋、自己煮三餐，14歲開始「阿嬌闖天下」，也養成她獨立、頑強的個性，這種性格使她在威權的教育體制中，一再受到考驗。

念水里國中時，導師要求全班買指定參考書，阿嬌姐覺得已有別版參考書，且經濟負擔困難而拒絕，從此，她成為老師眼中釘。導師要求學生背作文範本、考默寫，她覺得全班文章都寫一樣，很不合理，老師就更不喜歡她，每次考默寫，就叫她到教室外，她也樂得逍遙。

國三準備升學，她報考中部明星職校彰化高商，因為不想透過導師報名，她獨自從南投水里到彰化高商送報名表，沒想到真的讓她考上。那個威權年代有很多不合理規定，就讀彰化高商綜合商業科期間，阿嬌姐常勇敢提出質疑，也因而贏得同學支持，每學期都被選為班長，這三年也成為某些老師的頭痛班長。

工作時替勞方打抱不平

當時彰化高商畢業生找工作很容易，畢業前她已找到在彰化郊區的一家針織機械工廠當助理會計，前後做了一年多。她的每一份工作都做不長久，其中一次是在台中綠川西街女裝批發商行，老闆娘負責煮員工餐，每次都煮便宜的豆芽菜。看不慣老闆娘的苛刻，她沒多久就跟老闆娘吵架後離職。另一份工作在台中太平製模工廠，老闆叫學徒加班趕工卻不付加班費，阿嬌姐想替學徒爭取，老闆火大要她做到月底，阿嬌姐丟下一句：「不用！薪水算到今天，我今天就走！」對於爭取權益，少女阿嬌在尚未走上街頭前，已經先在生活中行動。

第五份工作，是她結婚前最後一份工作，在佳毅企業股份有限公司當主辦會計，阿嬌姐認識了年輕的廠長吳阿海，兩人戀愛，美麗島事件的前一年阿嬌姐走入了婚姻，也走入黨外運動。

《政論家》打開新世界　洗衣店成為聊政治好所在

阿嬌姐跟吳阿海在1978年結婚，熱戀中的兩人，約會行程竟有「聽政見說明會」。她還記得吳阿海帶她去聽過何春木的政見會，但是阿嬌姐那時對政治還是懵懵懂懂，也尚未理解美麗島事件正帶著台灣進入突破性的民主進程。直到一次翻了哥哥許慶宏留在家中的黨外雜誌《政論家》，這一看不得了，裡面連載的蔣家王朝顛覆她過去課本念的「人類的救星、世界的偉人、自由的燈塔」。她開始買各種黨外雜誌，尤其鄭南榕的時代系列雜誌每期必買，逐漸開啟她的新視野，熱切地吸收、追求政治時事。

那是民進黨尚未創黨的年代，阿嬌姐夫妻倆在北屯開洗衣店，許多黨外友人晚上就來洗衣店聊政治，雖是同一陣營，但觀點也常不同，有時講到臉紅脖子粗，在屋內喊「要走了」，走到亭仔腳卻意猶未盡，又講到三更半夜是常有的事。那時候，常來的朋友有許清海、林富源、廖鎮山，以及負責寫活動大字報跟場佈的沈國安。常常一群人跑來店門口對吳阿海喊：「海伯啊，恁某借一下！」她就溜出去開會。

1988年10月29日，許秀嬌（前方左一舉火把者）參加民進黨第三屆全國代表大會，在台中的聖火慢跑。（許秀嬌提供）

1986年民進黨在圓山飯店創黨，接著各縣市黨部成立，阿嬌姐是台中市宣示入黨的第一批黨員，入黨宣誓在台中市的象王大飯店（已歇業）舉行，排在她前面的女黨員只有許榮淑、張溫鷹與張溫鷹的母親張黃綉花。她的黨證是薄薄一本小冊子，封面上手寫台中市黨員編號51。

如果不在選舉戰車上　就是在抗爭遊行的隊伍中

「那時候我真的無役不與！」談起參加過的街頭抗爭，1986年「街頭小霸王」林正杰街頭狂飆，在全台各地快閃現身。有一場他到台中公園，阿嬌姐等眾人去聲援，大家都坐在地上抗議，被警察層層包圍，並對他們吹哨子「嗶！嗶！嗶！」，警靴在眾人面前不停踏步，發出撞擊的恐怖聲響，緊張氣氛還深深烙印在她腦海。

此外1987年間，因美麗島事件入獄的張俊宏、黃信介出獄來台中遊行，因為被警方阻擋，阿嬌姐還跟朱高正搭火車先到彰化，再迂迴地繞回來台中。上街頭不是單純靠體力，也要學會跟警方鬥智。

台北的抗爭場比較多，1987年謝長廷等人的「六一二事件」，還有1991年刑法一百條的廢除運動，都能看見她的身影。那時候她已經受過URM「愛與非暴力抗爭」訓練，她跟羅文嘉等人一起在台大醫院外把手臂勾在一起躺地上，警察就把他們一個個粗暴地拔開，抬上鎮暴車載到遠處丟下車。談到她在抗爭現場面對鎮暴警察的心情，阿嬌姐說「既興奮又緊張」、「好像不太會怕！」、「我們就跑給警察追啊！以前街頭就是跑給鎮暴警察追，我都跟著男生一起跑，他們比較有經驗。」

1989年1月29日聲援台灣人返鄉運動，許秀嬌帶著9歲大兒子，一手抱著1歲的小兒子衝到台北參加遊行。（許秀嬌提供）

這種衝突高的抗爭場合，不會帶孩子去，其他像是1991年「四一七反老賊修憲」，那次她就帶著3歲小兒子在台北街頭走到天亮。還有公投、反核這種比較溫和的遊行，兩個兒子一個手牽著、一個胸前背著，奶粉罐、熱水瓶裝進背包，阿嬌姐照樣衝台北。

藏匿陳婉真

1991年「台建事件」後，國民黨在電視、報紙懸賞百萬元通緝陳婉真。阿嬌姐那時住北屯三光巷的透天房子。某一天，陳彥斌（民進黨台中市黨部前執行長）突然載著陳婉真去按阿嬌姐家門鈴，請她協助保護、匿藏陳婉真。這晚，阿嬌姐的弟弟剛好來訪，看著電視新聞自言自語：「不知道陳婉真躲在哪裡？」她立刻帶弟弟上樓去見陳婉真。每每講到這一幕，阿嬌姐總是哈哈大笑。

1991年5月5日許秀嬌（右）帶著次子參加全國反核大遊行。（林紫鈴攝影）

打破媒體壟斷　集資成立第四台

電視老三台年代，台派們為打破媒體壟斷，在各縣市成立第四台的「民主電視台」。這股風潮是由任台中市黨部第二任主委的賴茂州首先帶動。接著許清海、顏如作等人找了阿嬌姐夫妻倆合夥投資，在大里十九甲成立「立民民主電視台」，當時第四台是非法，被查到就會剪線，剪掉他們再拉，就這樣攻防。那時沒有版權觀念，到錄影帶出租店借帶子，就拿去第四台播放，也一定會播「綠色小組」拍的遊行、政見說明會影片。大概經營了三、四年，這些民主台隨著有線電視開放，開始申請牌照，立民民主電視台慢慢跟太平、霧峰、大屯這幾家第四台整併成大屯民主電視台，接著創立電視購物，阿嬌姐曾任職行政主管，多年後夫妻倆才將股份賣掉。

從政治戰場轉身　投入婦運及環運

除了上街頭抗爭跟助選，阿嬌姐還在立委許榮淑服務處義務幫忙。在這裡認識了台北婦女新知的夥伴，開始接觸婦女運動、環保運動。早在1990年主婦聯盟環境保護基金會來台中成立工作室，阿嬌姐就是首批籌備人員，今年（2020年）阿嬌姐第三度擔任主婦聯盟基金會台中分會會長。另一是長期推動共同購買、友善環境耕作，至今已有8萬多名社員的「主婦聯盟生活消費合作社」，阿嬌姐也曾任理事主席和總經理。

2001年，阿嬌姐以無黨籍身分投入台中市東南區市議員選舉。雖然落選，但是在選戰中選擇用圍裙代替選舉背心、用棉布、木棍作選舉旗幟，打了一場創意環保的選戰。隨著選舉結束，她逐漸從政治戰場轉身，重心投入婦運及環運，將早年上街頭喊「要孩子不要核子」的理念轉為行動，尋求開發綠能，2016年和一群志同道合的夥伴發起「綠主張綠電生產合作社」，開啟公民參與能源轉型的實際行動，阿嬌姐其後並擔任理事，目前致力於推廣綠能。

在思想上堅持女性主義的她，感受到許多女性無法擺脫傳統的束縛。1996年，阿嬌姐在主婦聯盟基金會中看到許多會員社經地位不錯，但是性別意識、民主素養卻落在傳統窠臼，她邀請在靜宜大學教書，同時也是民進黨婦女部主任的彭婉如來開「婆婆媽媽寫作班」，將性別意識跟民主帶入寫作課程。上了四週課後，11月30日晚間，彭婉如在高雄搭乘計程車後遇害身亡，至今查無兇手。忽然間慟失盟友，阿嬌姐在1997年主婦聯盟台中工作室第22期的《會訊》特輯《念婉如》中，寫下〈婉如，我們永遠懷念您〉，訴說無限思念與悲痛。

但是課程尚未結束，需要有人接替，她邀請在東海大學任教的楊翠另開「廚房寫作班」，課表有閱讀女性二二八、撰寫個人年表，讓女性會員找回主體意識。除此，阿嬌姐也會到社區婦女團體演講、上課；目前阿嬌姐也是台北「女書店」的董事。

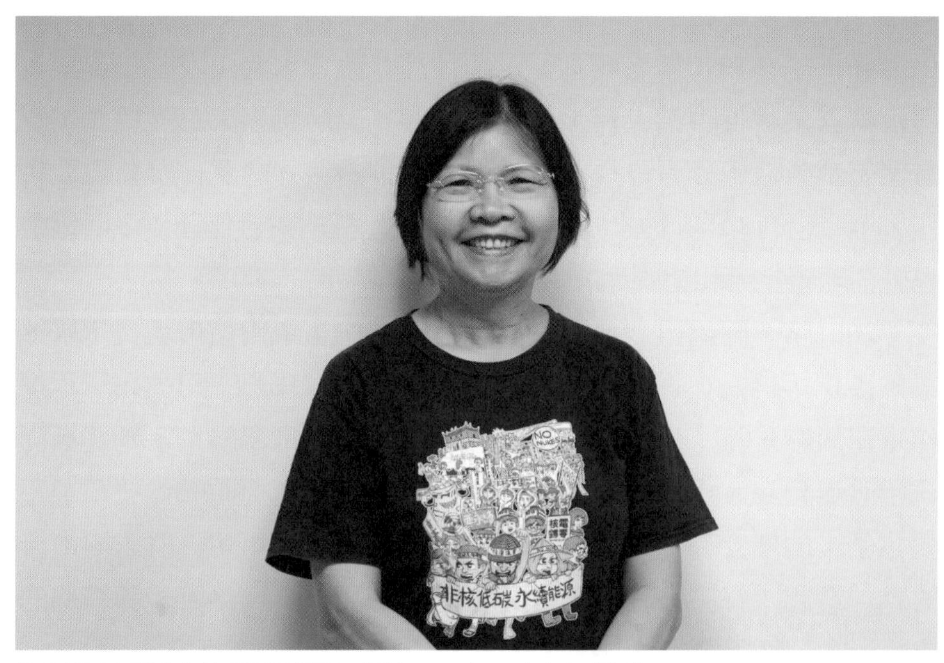

許秀嬌至今仍致力於環運及婦運，攝於2020年。（廖家瑞攝）

結語

在女性意識初萌芽的八、九零年代，她帶著一群女性上街頭、打選戰、推動共同購買、參加各種抗爭、反對核電；和先生投資民主電視台、參加URM，從黨外走到今日；從小女孩成為一位母親、女性街頭運動者，麥克風手阿嬌姐的「聲影」已深植在同志們的腦海中，在女性發聲仍罕見的年代，阿嬌姐抓住了那支麥克風，為台中早期女性街頭運動者，留下一條響亮又具時代意義的社運之路。

市

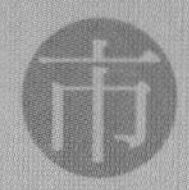

台中人權守護者
——陳武璋

採訪、撰稿：洪碧梧

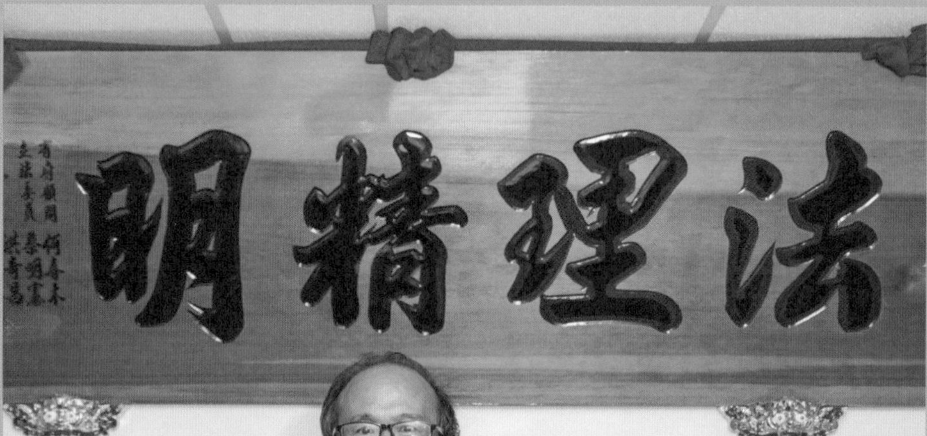

台中人權守護者陳武璋律師。（廖建超攝）

2020年3月15日攝於台中大坑觀音亭。陳武璋律師（桌後戴眼鏡揮手者）與莊競程立委、曾朝榮議員服務團隊，展開每週日山友的法扶諮詢服務。（陳武璋提供）

每到週日清晨六時，不管艷陽高照，或刮風下雨，大坑山區一排帳篷下，總有一群律師在為民眾做法扶諮詢。其中一位頭髮亂糟糟的律師，總是忙著翻閱卷宗，他是陳武璋。1959年出生的澎湖七美子弟，畢業於台大法律系，後來成為台中人權、民主、弱勢的守護者。從台建案到921災戶、88風災台16線國家賠償、軍冤案、婦女受虐案、原住民案件、排灣族正名……等，成為義務辯護的「大護法」。

「我是法律的，我是本土的」

陳武璋1978年考進台灣大學法律系，隔年發生美麗島事件，被稱為「世紀大審判」中，辯護律師、被告、檢察官、法官的法庭攻防，連篇累牘在報紙、雜誌上刊登。對初入法律洞門的陳武璋來說，無異是一堂真實法律戰的震撼教育。原本「忠黨愛國」的他，對民主、人權開始有了自己想法。

台大法律系教授人才濟濟，當時教授憲法的李鴻禧，課堂中公開評論政府這樣處理美麗島事件是不對的，令陳武璋印象特別深刻。另外，美麗島辯護律師如陳水扁、蘇貞昌、張俊雄、江鵬堅……等，都是台大法律系的優秀學長，自然深深影響陳武璋這一群台大法律系後輩。

當時，他就對自己做了定義：「第一，我是法律的。第二，我是本土的。」

成為劉文雄的國會助理

1984年陳武璋退伍後，先去學長的律師事務所不動產部當助理，每月收入甚至高達10萬元。但工作了三年，有天驚覺「這樣的人生幹什麼？」便聽從學長建議去考律師。那一年，民進黨初創（1986年），他想起大學時期的熱情與理想，矢志要追求法治精神。1989年，台中標榜「千辛萬苦不轉彎，一心一意為台灣」的劉文雄當選立委，公開應徵國會助理。陳武璋考完律師考試，等不及放榜，就立刻去應徵，並獲錄取。兩個月後，律師考試公佈，陳武璋順利考上，但他仍然選擇留下來當國會助理。

國會助理總是沒日沒夜地找資料、研究法案，劉文雄書面質詢稿也幾乎都出自他手。當時軍人閣揆郝柏村上任，民進黨在國會、在街頭展開激烈抗爭。陳武璋看著新聞發展，聯想郝柏村會不會更上一層樓去選總統？他把這項敏感議題呈給劉文雄口頭質詢，果然大受矚目，成了電視、報紙重大新聞。但國會助理月薪兩萬多，光是找資料跟應酬每個月都透支，根本不夠用。為了賺錢養家、兼顧理想，他改成當兼職助理，在律師事務所跟國會研究室兩頭跑。

1990年10月間，劉文雄提請立法院增加一條臨時提案：「立法院應宣告台灣領土，不屬於中華人民共和國」。質詢過程中和當時立法院長梁肅戎激烈口角衝突，劉文雄疑似心肌梗塞，身體不支倒地，急送臺大醫院加護病房，但隔天清晨就宣告不治，劉文雄成為戰死議場的民選代議士。

陳武璋還透露一件靈異祕辛，劉文雄倒下的前幾天，他辦公室內的盆栽，竟然一盆一盆地陸續枯萎。拿新的盆栽進去更換，也很快就枯掉，令人嘖嘖稱奇！

台中扎根　為黑名單及台建辯護

劉文雄驟然過世後，他跟著國會辦公室主任張棋龍到台中奮鬥。1991年加入民進黨，隔年與張棋龍合夥經營「法宗律師事務所」。張棋龍一直鼓勵陳武璋參選公職，但是他說：「黨職我不碰、公職我不碰，我只願意義務幫忙本土弱勢。」因此1997年離開「法宗」，自己開了「漢宇律師事務所」，一直打拚至今。「我覺得我是屬於基層的，我很清楚自己的定位啦！剛來的時候，大里、霧峰、太平一個村一個里的跑，我們民進黨有很多熱誠的基層志工，我跟

陳武璋為台派同志林明正辯護，攝於法院門口。（林明正提供）

他們相處比較自在，而且可以實際幫忙很多人。」

1991年，海外黑名單陸續闖關回台，那時還是祕密組織的「台獨聯盟」，五位盟員在台中大坑的天王星飯店公開現身。此時，海外黑名單返台後陸續被逮捕，在台中法院的部份，陳武璋都擔任義務辯護律師，直至1992年立法院通過修正「刑法100條」，郭倍宏、李應元、王康陸、黃華、陳婉真、林永生、鄒武鑑、許龍俊、江蓋世……等人才重獲自由。

同時，陳武璋也為「台建」辯護。1991年5月16日，陳婉真等人在台中西屯路一段248號成立「台灣建國運動組織」，簡稱「台建」；同年6月22日晚上，陳婉真等在忠明國小舉辦「叛亂餐會」，慶祝「台建」成立外，也公開聲援黃華坐牢22年。當晚雷雨交加，但餐會熱烈，忽然間，參與1970年刺殺蔣經國之一的鄭自才意外現身，現場歡聲雷動，並成為媒體爭相報導焦點。

同年8月10日，台中高分院以預備內亂罪傳喚陳婉真。自此台中市西屯路的「台建」總部，進入備戰狀態，準備了鹽酸、汽油、拔鉤……等，聲明行使「人民抵抗權」，不會主動攻擊警方，但鎮暴部隊如進入強制拘提，將「全力迎戰」。一直到10月18日，「台建」因為招牌被拆除、沒收，同志們開戰車到地檢署要討回招牌。地檢署以「台建」人員意圖衝撞，準備以殺人未遂、強制等罪嫌起訴處理。

當時被起訴的有陳婉真、賴貫一牧師、林永生、賴瑞煌及負責開車的杜昭榮等人。陳武璋律師的辯護是：「台建是行使抵抗權，且招牌也沒有理由沒收。」法官說「台建」成員是暴力非法行為，陳武璋反問：「什麼暴力？哪裡非法？況且那天法院外那麼多人，法官是否能證明這些人全部都是陳婉真所唆使？」

1995年台中衛爾康火災64死11傷慘劇，陳武璋律師陪伴受難家屬進出法庭，衛爾康火災自救會贈送「國賠勝訴」匾額。（廖建超攝）

「衛爾康」的火很燙

台中在90年代，發生數次嚴重火災，而有「火城」之名。1995年衛爾康西餐廳因瓦斯外洩，又逃生通道被封死，造成64人死亡，11人重傷；隔年1996年2月，夏威夷三溫暖因招牌起火燃燒，17人死亡；沒想到10天後，民聲大樓疑似有人蓄意縱火，造成13人死亡，20人受傷。

短短一年內，台中近百人因火災死亡，陳武璋主動承接這三件大案為受難者家屬打官司。他曾寫了一篇文章〈衛爾康的火很燙〉。

判決結果：衛爾康的陳姓老闆全部財產遭拍賣，所得2400萬元拿來賠償64名被害者家屬和傷者，他也因業務過失致死罪，判刑5年8個月。除了跟業者打官司，在消防設備查核上也追究政府失責，台中市長林柏榕一開始被記過兩次處理，陳武璋認為這樣懲處太草率，帶著災民北上監察院靜坐絕食抗議。

林柏榕市長後來被監察院彈劾，同遭公務員懲戒委員會處分，休職半年。64位罹難者中，29人的家屬申請國家賠償，經過最高法院判決，市府應賠償每人一百萬元。這一起重大的公共安全意外件，使當時總統李登輝在壓力下修訂相關《消防法》。

夏威夷三溫暖案的最後判決，兩位房東各3年6個月徒刑，陳姓業者等3人則各判4年到4年6個月徒刑。民聲大樓火災未能追究到相關刑責，他最引以為憾。陳武璋坦言，不是每件官司都能追究成功，有些官司缺乏證據就很難突破。

921大地震

1999年的九二一大地震，至今仍讓人餘悸猶存，重災區的台中，縣市共有1,266人死亡。陳武璋接手四棟倒塌的大樓，為受災戶打官司，分別是南區德昌新世界、大里金巴黎、霧峰民生大樓、南投愛的雅築。他很快釐清方向，追究建商的疏失，最典型的就是德昌新世界，顧不得當時還有餘震，他把念土木的弟弟找來台中，一起進入現場勘查，取得第一手證據。德昌新世界案共花了四年，最終雙方和解。而大里金巴黎案有判刑，但到現在都沒辦法結案。

1999年921地震後，陳武璋積極協助災民打官司。台中大里金巴黎重建委員會特贈送「災民景仰」匾額致謝。（廖建超攝）

由於牽涉到建商利益，情況特別複雜，著手處理案件時，有黑道打電話到事務所關切，也有狀似兄弟的江湖人親自來事務所「關心」，但陳武璋都不為所動。軟硬都不吃的陳武璋，不管誰送禮品來，他都一律全部退回。

遠方來的好朋友「古勒勒」

陳武璋在大學時代，就開始關注原住民議題，執業後也盡力協助原住民的法扶。在仁愛、廬山、信義附近的部落，遇到法律問題大多找上他。陳武璋擁有兩個原住民名字，一是屏東萬巒鄉吾拉魯滋部落的排灣族朋友取的：「古勒勒」，意思是遠方來的好朋友。另一是南投仁愛鄉廬山部落的賽德克族朋友幫他取的：「瓦歷斯・古拉斯」，意思是「他們的英雄」。

2019年6月23日，陳武璋擔任「台中市原住民關懷促進會」的部落大學講師。（陳武璋提供）

他了解原住民對錢財的觀念，跟漢人不一樣，因為原住民的觀念是共同分享、交換。921災後，文建會、原民會都想辦部落青年重建活動，他處理過一件是原住民朋友住在山上，結果主辦單位要求他買東西需有發票、收據，他說：「山上，比如萬豐、親愛、松林等這些部落，一家店都沒有，就算有，也幾乎沒有開發票的店。」陳武璋說：「原住民也沒有拿收據的習慣，那要怎麼辦？」因此他認為成立「原住民專庭」，是有道理、必要的，原住民專庭也才能兼顧他們的文化與傳統。

洗清吳明敏教授冤屈

2008年馬英九上任總統沒多久，原本任中興大學教授的吳明敏，因出任民進黨不分區立委而被控收賄、貪污，陳武璋擔任他的辯護律師。此案一審無罪，二審上訴駁回，三審上訴駁回，全案經過四年才獲判無罪定讞。在審判過程中，發現筆錄記載不實，如陳武璋等律師耗費近半年時間勘查證人的錄音光碟，發現實際上證人並未稱將錢交給吳明敏，沒有不法證據。這些對吳明敏有利的證據，卻都未在筆錄中記載，沒有呈送給法院，整個案件在偵辦、起訴過程中充滿瑕疵、可疑。陳武璋非常感嘆：「為什麼檢調能這樣處理？如果當時沒有錄音光碟，那吳明敏教授的一生就這樣被毀了。」

打贏何敏誠的三件官司

陳武璋幫台中市議員何敏誠，辯護過三次官司都贏。最經典的是第三次，那是2010縣市合併後，第一次正副議長選舉，何敏誠等議員在投議長票時亮票，那時「亮票」會被依觸犯刑法洩漏國防以外祕密罪判刑。這起案件很多縣市議會都有議員被控及判刑，那屆台中市議會共有二十幾位議員被移送。當時有亮票的議員幾乎都以「認罪」換得緩起訴，只有民進黨的何敏誠、陳淑華及台聯的高基讚三位議員決定周旋到底。

陳武璋擔任三位議員的辯護律師，開庭時，陳武璋首先肯定陳淑華、何敏誠、高基讚都是非常正直的議員。其次，陳武璋強調，議長選舉亮票在晚近這些年，其實是表示負責任，也可以杜絕賄選、私相授受，所以「亮票」到底是好是壞？要去重新思考。他認為不能這麼簡單的從刑事法律去看，這條法律有違憲的疑慮。最終台中高分院改判台中市議員何敏誠等人無罪定讞，並促成亮票無罪的修法。

2013年1月14日，前民進黨立委吳明敏（右三）召開《獵巫時代》新書記者會，陳述2008年他遭受檢調陷害、起訴的過程。多年來都由陳武璋（右二）擔任辯護律師。（林朝億攝）

正義這頂帽子太沉重

陳武璋曾寫過一篇文章〈正義這頂帽子太沉重了〉，文章描寫1994年台中梧棲發生殺夫案，被告婦女白蔡女士婚後丈夫不務正業，靠著被告開麵店，獨力養大三個孩子。丈夫花天酒地，回家後常對被告拳打腳踢，並拿走被告辛苦賣麵為孩子存下的學費。丈夫一次酒醉施暴後昏睡，被告在長期受辱與恐懼下殺了其夫。陳武璋擔任被告白蔡女士的辯護律師，他說：「殺人償命，是再天經地義不過的正義，但是正義這頂帽子，戴在一個鄉下婦人的頭上，太沉重了。」

「當她受虐的時候，警察在哪裡？當她受虐的時候，法院在哪裡？當她受虐的時候，宗教團體在哪裡？當她受虐的時候，婦女保護團體在哪裡？當她受虐的時候，她完全孤立無援啊！人的忍耐是有限度的，那一天她為什麼會把她先生勒死？整個案情都要說清楚。」幾天後，法院將被告白蔡女士釋放，後並以自首、其情可憫、精神耗弱等理由，判被告服刑一年可假釋出獄。這一案件也促成了1998年立法院通過《家庭暴力防治法》。

我叫「亂無璋法」

頂著一頭亂髮的陳武璋，在法袍裡裹著的是他對世界的人道關懷。他的人道關懷也引領他進入佛法，他常在大坑的般若學院跟著紹賢法師研讀廣論。處理921德昌新世界的案子中，因為民進黨色彩濃厚，受災戶裡面有別黨的支持者，非常排斥他，甚至罵他、質疑他，讓陳武璋覺得很心痛。這種大災難的案件，至少要5年以上的無怨無悔地幫忙，他卻受到這樣的難堪，但是他沒有放棄，繼續幫忙災民到底，他察覺自己需要學問來厚實、支撐心靈，於是在這樣的機緣下接觸了佛學。透過觀世音菩薩所講的「忍辱」、「慈悲」去轉化心境，讓自己在服務災民的過程中更加有力量。

「但是很多人越學越仙風道骨，我卻越學越像小老百姓！」他總愛用開玩笑的方式談論過去經歷。問陳武璋有沒有筆名或法號？他哈哈大笑：「我要叫『亂無璋法』！」或許「亂無璋法」這個名字也透出了陳武璋的處世哲學，沒有標準答案，只懷抱著愛向前走。

2014年陳武璋（前排左二）與多位律師組後援會，力挺林佳龍競選台中市長。（廖建超翻攝，陳武璋提供）

守護民主的頭家
——林勝新

採訪、撰稿：魏吟冰

1994年，林勝新（左）與許信良（右）攝於陳鴻榮競選省議員總部前。（林勝新提供）

太平「新哥」　民進黨選舉財務長

「我做這些事，從來都不要人家記得我的名字。看到一路參與的台灣民主運動，到今天美夢成真。我認為我的人生很值得，也很光榮了！」林勝新爽朗大笑地說著。儘管髮鬢斑白，但體態輕盈、聲如洪鐘，80歲的林勝新，歲月並沒在他身上留下太多痕跡。也許就是這種在民主運動過程中，努力付出，不求回報，即使被遺忘也值得的豁達，所帶來的意外收穫吧！

1990年前後，比起黨外時期的威權肅殺雖較為開放，但仍是一黨獨大、媒體壟斷的局面，距離政治民主、言論自由的多元社會仍有一段長路要走。當時，民間社會力初燃，遍灑的民主種籽也正在各地萌芽。台中縣長期為地方派系把持，民主運動起步稍晚，走得也並不輕鬆。尤其縣區幅員遼闊，遍及山線、海線及屯區，更需要各地熱心、積極的民主運動者開拓。人稱「新哥」的林勝新在屯區，特別在太平，被視為「永遠的財務長」，是民主進步黨創黨初期少見願意挺身的企業代表，更特別的是一路走來，為民進黨打過多不勝數的選舉戰役，但林勝新至今卻仍未加入民進黨，始終維持著無黨籍身份。

林勝新出生於1942年台中縣太平車籠埔，畢業於「台中商業學校」（後改制為台中商專，今為台中科技大學），高中時因在學校經常閱讀報導黨外運動的《民眾日報》而受啟蒙，1958年高二時還拿著學生證進到霧峰省議會，旁聽郭雨新、李萬居、郭國基、李源棧、吳三連所組成的黨外「五虎將」的質詢，接受民主洗禮。畢業後服役憲兵部隊，堅持不加入國民黨，在當時軍中文化可說是異類。

之後進入商界，自創「勝好貿易公司」。1970年代正值台灣經濟起飛，林勝新經常往返世界各國，1973年前往東南亞商務考察發生的兩件事，令他一輩子印象深刻，也是種下日後他不求回報、全心投入民主，跟爭取台灣主權獨立運動的重要關鍵。當時，他們的商務考察團進到菲律賓馬尼拉機場，通關時，台灣人必須在護照夾上一元美金才能通行；在泰國機場出境時被攔下，無法跟其他國家人民自由出關，台灣人走的是特別通道，把關相當嚴密。讓他覺得台灣人尊嚴，受到嚴重踐踏及污辱。種種的累積，也讓他更勤於閱讀黨外雜誌，幾乎每週騎著腳踏車到台中市買，至今他都還保留全套四冊的《美麗島》雜誌。

成功企業主　挹注民主電視台

左起何明杰、林勝新、立委候選人林豐喜、劉文欽。（林純美提供）

台灣經濟起飛重要推手的中小企業主，有一卡陪著南征北討的皮箱，幾乎是他們的標準配備。林勝新的皮箱也陪了他幾十年，但除了生意奔波之外，更多的是帶著它為民主運動奔波、努力。在國會尚未全面改選的增額立法委員選舉，就開始投入參與中彰投的黨外候選人黃順興的助選工作。參與程度雖還不深，但對於黨外人士競選活動非常關心。1977年高雄市長選舉，國民黨王玉雲對上黨外的洪照男，是台灣罕見的選舉激戰，林勝新夫妻倆還曾專程搭機南下觀戰，熱衷程度可見一斑。之後，也曾陸續資助過沈富雄、許添財、彭百顯等政壇明星。

林勝新開始認真在太平本地投入民主運動，是在太平有線電視台的非法時期，雖然1986年民主進步黨成立、1987年宣佈解嚴，但台灣媒體清一色仍為黨、政、軍所把持，突破媒體封鎖的管道除了報章雜誌外，衝撞電視台才是最直接、有效方式。1980年代末期，台灣各地出現了「民主電視台」，架設轉播，且自製節目、各地串連，把爭取民主、自由的聲音傳送出去，一時之間蔚為風潮、遍地開花。根據林勝新的回憶，太平有線電視也是在這樣的背景下成立，最初是林益仁來找他取得資金的贊助，技術上又得到創設台中民主台的賴茂州協助，地點設在林益仁「台中小鎮」社區的住處，設備維護則由陳文冠負責。

林勝新說：「那時民主有線電視台的訊號，幾乎一、兩天就會被有關單位剪掉。今天剪靠近大里那邊、明天可能就剪車籠埔這邊，輪流讓太平各地方看不到節目。訊號線一被剪就要趕快再去接，電視台沒錢就來跟我拿，每次5萬、10萬的拿，前前後後被拿了多少真的也不記得了。之前，開設貿易公司一年賺超過500萬，很多都是這樣花掉了。」林勝新投入太平有線電視，是在最初的非法時期，當時電視台象徵性的發股票給他，但他覺得花錢是為了支持另一個媒體聲音，並不是為了賺錢，拿的那些股票，也沒什麼用就燒掉了。後來，有線電視轉上檯面進行併購整合時，林勝新看到媒體已有多元管道，也就沒繼續去湊這個熱鬧。

至於全心投入選舉，大約是從1992年廖永來參與立法委員選舉開始。林勝新回憶道：「廖永來很勤快，早上6點就來、晚上7點多也來，一直來我家。我看他年輕、熱情，也沒什麼資源，就點頭答應當他的財務長。沒想從此愈蹽（涉入）愈深，一路擔任多位候選人大、小選舉的財務長，大家沒錢的時候就會想到我。為了民主選舉運動，投入的錢算不清楚了，也因太忙於選舉事務，原本經營很好的超市也就收掉了。」

義助廖永來　進軍國會

1992年的立委選舉，在台灣政治民主史上意義非凡，那是首次國會全面改選，民進黨台中縣立委推出了田再庭、廖永來兩位候選人，在紅、黑派地方政治勢力仍牢牢掌握台中縣選舉下，的確是一項艱難挑戰。新人的廖永來，雖然在前次省議員選舉中高票落選，但此次競選初期仍不被看好，有「智多星」稱號的陳鴻榮擔任競選總幹事，林勝新自己則因有企業界人脈，自然就擔任財務長的角色。

除了開發企業人脈籌措財源外，林勝新最感動又感謝的，是那些出錢出力，但歷史未曾記住他們名字跟面孔的早期戰友。他還記得，常有戴著斗笠的農友阿伯，騎著鐵馬過來就捐個100元，也有農友拿米、拿菜來，賣豬肉的就拿豬肉過來。這些戰友雖然穿著拖鞋、喝著米酒頭、甚或嚼著檳榔，卻是最賣力在幫民進黨的人，造勢動員、發宣傳單、綁旗幟靠的都是這些基層志工。其中，最讓林勝新感動的是一個年輕人洪金勝。他回憶：「洪金勝個子很瘦小，以清潔工作維生，有一天拿了10萬元過來說要捐款，我真的是感動到眼淚都要掉下來了。一個還沒結婚的少年仔，把辛苦工作的薪水全部拿出來奉獻。檯面上政治人物的風光，真的都是這些小人物點點滴滴付出所成就的。」

1992年廖永來那場立委選舉，也從初期不被看好，拚到聲勢逐漸上揚、走高，要捐錢的企業也變多了。選前林勝新的女兒因口腔問題需緊急開刀，他跟太太正在中國醫藥學院附設醫院時，接到廖永來的BB Call（呼叫器），他顧不得女兒還在手術就跑回去開會。原來是一家向來跟國民黨友好的電子公司，透過劉路雄表達要捐500萬給廖永來。林勝新對著廖永來與陳鴻榮說：「這500萬，我們絕對不能收！這局絕對就是戰到底，讓你沒有包袱走進立法院，為不一樣的台中縣奮鬥。」最後果然硬挺過關，成了台中縣唯一的民進黨籍立委。

1994年陳鴻榮（左一）參選省議員，林勝新（右二）大力助選，此處為陳鴻榮競選辦公室內。（林勝新提供）

但選後通常也是財務長痛苦的開始，選前開出去的支票要兌現，帳務收尾處理免不了要自掏腰包。成功引進有志同道合理念的企業則是一大收穫，地方上的「力山工業」、「和大工業」、「忠鍵公司」朱武隆，以及「青年中學」都因此成了民主政治路上相挺的夥伴。

選舉暴力　座車被槍擊

從事民主運動的過程，林勝新也遇到過好幾次生命的危險。黨外時期，家門口常有便衣盯梢；有段時間每天早上7點多，固定會有接起來就掛斷的不明電話。他印象最深，也嚇到家人還有兩件，他說：「一件是陳鴻榮參與1994年省議員選舉的7月17日，當時我開標緻寶獅的車子停在自家門口，一早起床就看到後座車窗被槍擊的彈孔，整片玻璃有碎裂的痕跡，但四周未見到任何人。我跟太太有點嚇到，但怕影響選舉士氣，我們並沒報案。事後想想也並未與人結怨，到現在都還不知車子被開槍的原因。」

又說：「另一件疑似選舉暴力，則是在陳鴻榮省議員落選之後的事了。有一天傍晚，家門口突然來了一堆黑道兄弟，用腳踹我家的門，踹得乒乒乓乓！我太太馬上拿起電話報警，還沒接通，黑衣人就一哄而散了。那次經驗嚇壞了我的小孩，一直求我們夫妻不要再管選舉的事。但我還是跟他們說，幫民進黨也就要有犧牲、奉獻的心理準備。不過，此後不曾再發生類似的恐怖事件了。」

「一般人，如果像我這樣把錢、把時間都投入到民主選舉的工作中，大概都要妻離子散了吧！我很幸運，太太不僅不反對我，夫妻倆還一起投入！」林勝新爽朗地大笑著說。太太郭媛色出身高雄內門，是地方望族，父親早年留日曾跟黨外前輩余陳月瑛是同學，

自小的家庭教育也讓林太太樂於陪著「新哥」一起走向民主路。

「超市收起來後，這間房子就像是服務處，大伙吃飯也都在這裡，民進黨戰友也很好『款待』，豬腳飯、炒麵、雞酒，大家就很滿意。有陣子大家還開玩笑，叫我乾脆去開一家『阿新嫂豬腳』。除了平常日外，過年是最忙的時候，大年初一到十五都要煮，常要開兩桌，每天我家都是熱鬧滾滾。煮完又煮、煮完又煮，那時一想到過年就害怕。」回憶過往，新嫂嘴巴上雖玩笑講苦，看著她滿滿的笑意，想必也是甜蜜的負擔吧！

1994年7月17日陳鴻榮參選省議員前夕，林勝新停在家門前的轎車遭人開槍射擊。（林勝新提供）

1994年林勝新（站者左二）、太太郭媛色（站者右一）以及孩子們一起為陳鴻榮參選省議員助選。（林勝新提供）

1999年6月20日，林勝新（右）和他非常推崇的民進黨主席林義雄（左）合照。（林勝新提供）

林義雄頒發顧問證書　無上榮耀

因為早期經營貿易生意經常要出國，為了出入境簽證方便，他一直未加入民進黨。民進黨台中縣黨部為了感謝林勝新的長久付出，1999年在方昇茂擔任主委時，特別請動當年主席林義雄，隆重頒發顧問證書給他。能從德高望重的林義雄主席手上獲此殊榮，讓林勝新倍感榮耀。

林勝新從黨外運動到參與民進黨的選舉，他很自豪地說：「服務過這麼多人，沒有一件陳情服務案件，是為了我自己。早期民進黨沒資源，處理不了的服務案件，我還用個人關係去請託國民黨的公職幫忙，但捐錢、投票、發展組織，我卻一定是民進黨。」在這過程中，2004年阿扁總統競選連任時，選情不大樂觀，林勝新堅持以「中間選民」的身份，籌辦500桌的募款餐會。中間歷經被抹黑、函辦等艱辛過程，林勝新始終抱著「為公不為私」的心態，最終成功、順利完成餐會。原不被看好的阿扁，也連任總統選舉，在台中縣意外贏了一萬多票。

現在已經退休的林勝新，子女早已成家立業，但遇到主動來找他幫忙的案件，仍會想辦法伸出援手。尤其，對於民進黨創黨之初，那群老班底更是心懷感激。林勝新只要知道老戰友凋零，一定會前往致意，鞠個躬、敬個禮，為曾經無私奉獻、付出的生命致敬，緬懷一起為民主努力、打拚的歲月。

1999年林義雄主席、方昇茂主委特別頒發給林勝新顧問證書，獎牌上印有「永固美麗島」，感謝他對民主的長期付出。（林勝新提供）

政治、文化的播種者——羅隆錚

採訪、撰稿：陳彥斌

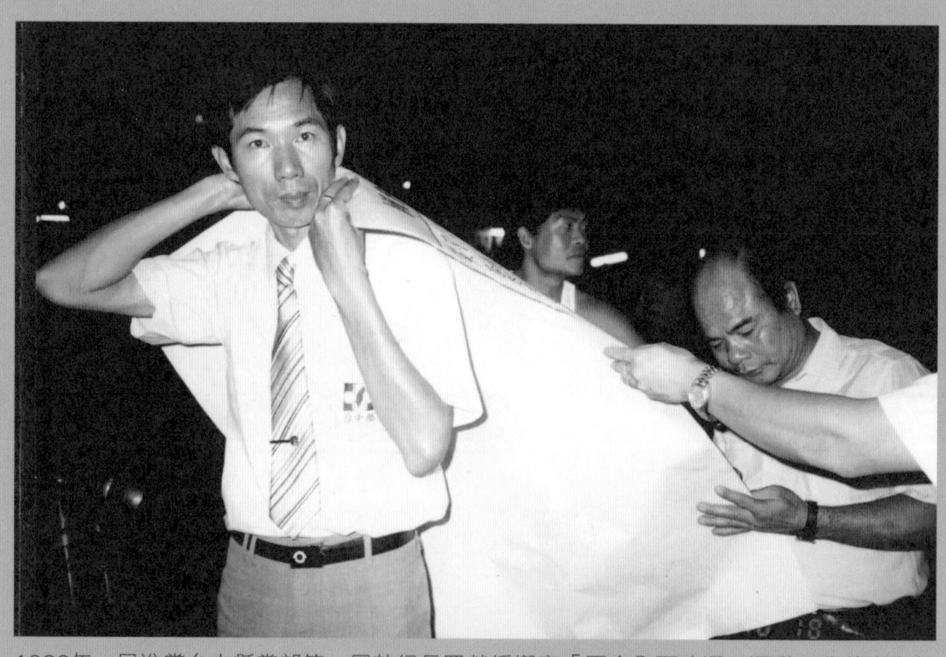

1988年，民進黨台中縣黨部第一屆執行長羅榮錚響應「國會全面改選」運動，背著大海報在街頭讓民眾簽名支持。（黃世殿提供）

台中黨外時期就一起打拚的夥伴，由左至右：陳秋瑞、王昌敏、羅隆鋅、劉洲島。（林純美提供）

火車上散發黨外傳單的老師

台灣威權、戒嚴時期，黨外文宣的傳遞，除了被百般打壓，也要面對黨國教育下的社會反制，所以連發傳單都要絞盡腦汁。豐原的羅隆鋅老師利用火車來傳遞，堪稱一絕。

羅隆鋅老師當時利用假日或下課時，常到台鐵豐原站買一張月台票，進到月台後搭上各種列車，巡走每一車廂，只要有沒人坐的空位，他就在座位上放置黨外傳單。這樣做，是讓下一位就座的乘客可以看。他說：「坐車會無聊，最有可能看黨外傳單。」

選擇無人座位，則是避免衝突。畢竟車上乘客形形色色，如果發到警總、調查局人員就麻煩了，碰到黨國意識強烈的乘客，也可能被大聲斥罵。北上列車他大多坐到三義、苗栗，南下列車大多坐到台中、烏日。下車後，搭反向列車回豐原，依然在各車廂尋無人座位分放傳單。

羅隆錚，1943年生，南投埔里人，1962年台中師專畢業後，在故鄉埔里的小學教了九年書。有感居住的桃米偏鄉，電燈、自來水、電話俱無，連要結婚恐怕都找不到對象，所以1970年他把握機會到啟聰特殊學校任教（當時位於豐原的半張，目前的國教院台中分院），也因而成了半個豐原人。

助選張俊宏　特務到校關切

羅老師在唸初中時，偶爾會閱讀到父親沒藏好的《自由中國》、《民主潮》。因為喜歡逛書店，恰恰1975年左右，豐原有家華谷書局（三民書局前身），老闆陳吉雄很熱衷黨外活動，因此書店也是豐原的黨外據點，羅老師在那裡大量接觸到《大學雜誌》、《台灣政論》等黨外民主論述的資料、訊息。

《台灣政論》總編輯張俊宏於1977年回南投參選省議員，羅老師藉由回鄉私下幫張俊宏競選。那次選舉，因國民黨家家戶戶發放《政治蒼蠅的嘴臉》小冊子醜化張俊宏，意外炒熱整體選情。當時羅隆錚不騎機車回鄉，改搭公路局（台灣汽車客運，國光客運的前身）車，就為了可在車上發放傳單。張俊宏到埔里舉行政見發表會，他在現場賣力協助販賣書籍，特別推崇張俊宏所著的《台灣社會力的分析》。

開票結果，張俊宏在國民黨全面圍剿下，竟以最高票當選。年底，羅隆錚在啟聰學校收到一張由「張俊宏、許榮淑」夫婦共同具名感謝、祝福的賀年卡。未久，調查站的特務就到學校來。

羅老師回憶，學校工友找到他，跟他說：「校長在找你。」他到校長室時，見到兩位陌生男子，約四十幾歲，操外省口音，坐在沙發上。只聽校長一再聲明，一再保證：「羅老師教學認真、為人善良、生活單純，不會有問題……」兩位調查員看校長信誓旦旦，坐了約半小時才離去。

羅隆錚之所以深獲校長欣賞，是因他教學確實很認真，他說：「我教的對象有語言障礙，備課特別下功夫。」又因出身農家，生性勤快，常會幫助工友修剪學校的花木。校長不只一次在學校公開表揚，並鼓勵學校老師向他學習。校長的盛讚，反而令羅隆錚擔心，唯恐引來同事的排擠。

美麗島事件大逮捕，不僅沒有嚇壞羅老師，反而讓他更義憤填膺站出來。許榮淑1980年參選增額立委，羅隆錚就賣力輔選。許當選後，在台中市五權路設立服務處，羅老師可說是最熱誠義工之一，他自謙書法尚可，因此常被賦予書寫海報任務。他常在下課後，從西屯的學校（台中啟聰學校在1979年遷校於今西屯區）先到許榮淑的台中服務處，看有什麼需要幫忙，然後再回豐原，也因此和服務處主任賴茂州成為好友。

1986年立委許榮淑（右）競選連任，羅隆錚（左）是主力輔選幹部。開票結果，許榮淑以全國最高票19萬多票當選。（羅隆錚提供）

任縣黨部執行長　辛苦「石磨心」

羅老師最難忘的，是許榮淑連任第三屆立委選舉的1986年，當時他是台中縣競選總部主要幹部之一。開票時，許榮淑一路遙遙領先，全場歡聲雷動。結果許榮淑以十九萬多票當選，不僅是全國最高票，且她一人的得票數就可以使三人當選，黨外氣勢達到最高峰。

接下來，就是民主進步黨在國民黨百般恫嚇下成立。因當時還在戒嚴，非法組黨形同叛亂，社會、媒體一片肅殺。羅隆錚老師沒有退怯，是中縣極少數籌組黨部的核心成員之一。想不到1988年間成立台中縣黨部，選舉第一屆執行委員時，他卻意外落選，對他無異是殘酷打擊。他不禁想到多年來的付出，竟然得不到黨員同志肯定，有萬念俱灰之感。

他的落選，也引發黨員熱議。後來才知選前各方人馬合縱連橫，執、評委候選人又相互換票，且傳出有請客、吃飯、喝酒的歪風。他這位單純的老師，是隻標準「孤鳥」，在連記法選舉下，「落選」毫不意外。他心灰意冷下，不禁升起「不如離去」的落寞、蒼涼。

不過，這件中縣黨部成立的撼事，卻也獲得主任委員當選人田再庭律師的重視。經一番折衝，田再庭主委邀請羅隆錚老師出任縣黨部首任執行長，也得到執行委員會的鼎力支持。出任此一重要任務，羅老師在愛妻李淑如的首肯下，決定全力以赴。唯一的缺憾是他當時還是啟聰學校的專任老師，無法在縣黨部專職。但他每天一放學，就趕到黨部處理黨務，幾乎天天踏著夜色回家。

台中縣民主運動場成立開幕合照，右一是羅隆錚。（吳燦堂提供）

1988年起，台灣進入街頭抗議時代，各種抗爭接踵而至。台中縣最出名的是農民運動，黨員林豐喜、胡譽鐘、王昌敏等，領導農民抗爭，黨部當然也協助動員。另太平林地放領、反賄選運動等，還有全國性的抗爭，黨部幾乎是無役不與，雖然工作像是「石磨心」那樣的辛苦，但除了獲得台中縣民進黨人肯定外，也得到外縣市黨員肯定，在黃信介擔任主席那一屆（1988-1989），羅老師榮任中執委。

在眾多抗議中，羅老師印象最深刻的，是去台南東山抗議新黨的李勝峯。李勝峯是極右統派，與獨派常針鋒相對，且態度囂張、口無遮攔，惹得以民進黨員為主的民眾氣憤難消。有次黨員發動群眾到東山，抗議這位道地台灣人，卻心口全倒向紅色中國，根本就是台奸。所以羅老師特地親自製作「台奸李勝峯」、「走狗李勝峯」等標語牌，浩浩蕩蕩到李勝峯家鄉示威，表達台灣人的不恥與憤怒。

到李勝峯故鄉抗議活動中，羅老師還發揮創意自製一尊布偶，代表李勝峯。布偶除了滑稽、有趣外，並在布偶跨下包了國民黨黨徽，看者無不莞爾，連一向嚴肅的田再庭主委也忍俊不住地說：「有意思、有創意。」

1987年11月8日，羅隆鉾（舉牌者）與黨員及民眾到李勝峯家鄉東山，抗議其一心向中國靠攏。旁邊為羅所製作的布偶。（黃世殿提供）

退出民進黨　推動「老圳新生」

1989年羅隆錚正式從台中啟聰學校退休，更專心投入民進黨黨務，直到1989年輔選田再庭競選立委成功時，他辭去執行長職務，決定先休息一下，功成身退的只當一位單純黨員，不擔任何黨職，亦不在田再庭立委服務處擔任任何職務。

1996年，彭明敏代表民進黨參選總統大敗，黃信介抨擊彭是「激進台獨」，不利民進黨擴展選票，彭明敏因而退黨組「建國會」。而後，由李鎮源領導，高俊明、林山田等共同號召，台灣學術界、醫界、文教界、企業界精英近300人成立「建國黨」，羅隆錚老師自認理念比較符合，遂退出民進黨，加入建國黨。有一段時間還負起建國黨在台中縣的部份運作任務。

不過，羅老師說：「建國黨的成員大多是理想型清流人物，對社會有一定影響力，但台灣有句諺語『水清無魚』，民主政治是普羅政治，建國黨在選舉中要和民進黨競爭，畢竟難上加難，所以隨著幾次的選舉，漸漸無疾而終！」

除了政治外，羅老師更熱衷台灣文化、教育工作。他深感豐原是很有歷史、文化的地方，便結合當地文史工作者，以豐原舊地名成立「葫蘆墩文教協會」，研究、解說有台灣最美廟宇之稱的慈濟宮及葫蘆墩圳，也參與搶救被稱為台灣十大民宅之首的「摘星山莊」。

經過解嚴的鬆綁，本土意識急速提高，加上2000年本土政黨執政，鄉土教育更上層樓。如今豐原地區的多所中小學校，以葫蘆墩圳為重要教材，讓學生有所認識，進而關心、熱愛，羅隆錚老師是推動這一切的先驅。

葫蘆墩圳為北台中最重要的灌溉工程，是清初張達京開發岸裡社，結合六館業戶闢建。開鑿後雖豐富了北台中，卻也因「割地換水」契約，讓原本在這裡生存的平埔巴宰族，最終造成失去土地、必須遷移他地的悲歌。羅老師等人將葫蘆墩圳的緣起、建設、流經區域、發展、影響等系列整理，製成小冊子，帶領民眾現場走讀，在台灣鄉土教育中，不僅起步很早，且教材完整，不少大專院校還專程前來取經，詳細內容目前收藏於「台大獅子吼佛學專站」。

孩子成長　父母也需要成長

教書近三十年的羅隆錚，深感家庭教育比學校教育更重要，尤其是父母更需要和孩子一起成長。他舉例說：「以前搭車排隊，常會發現父母唆使孩子不排隊，鑽到前面去，先上車搶位子……」這種現象從都市到鄉村都存在，可見教育父母比教育孩子還重要。

羅老師也以自己為例，有次在家中，聽到太太吩咐就讀小學二年級的次女出門買醬油。女兒說：「爸爸閒閒的，為什麼不叫爸爸去！」太太說：「爸爸剛上課回來……」女兒就搶著說：「我也剛下課回家。」太太又說：「爸爸還要批學生作業……」。女兒說：「作業簿不會跑，但我電視的卡通時間會過去！」然後，就咚咚咚上三樓去看電視。

次女小學五年級時，有次他教訓她：「不認真讀書，長大就準備當女工。」女兒回嘴說：「不讀書又不會死……還有，你們不是都說『勞工神聖』嗎？」讓羅隆錚切身感受父母也需要成長，所以他成立了「台中縣父母成長協會」。協會成立之後，不只在台中縣市推動父母成長與關心家庭教育不遺餘力，且推廣到其他縣市，曾輔導過彰化、嘉義、台南縣市的父母與家長團體成立。這方面羅隆錚老師又另開先河。也因他退休後致力於家庭教育與社會教育的推動，在2007年榮獲「教育奉獻獎」，被邀進總統府，由總統親自公開表揚。

羅隆錚（前排左一）參加民進黨台中民主講習班。（黃世殿提供）

治理后豐社區大學　志工變校長

羅隆錚本著奉獻、服務社會的初心，自許要當「台灣永遠的志工」，曾一度擔任台灣文獻館、特生中心、日月潭、東勢林業館、八仙山、大雪山的志工。直到父親年邁、健康日下，方才辭到只餘台灣文獻館志工一處。

2017年台中市父母成長協會營運后豐社區大學，羅隆錚老師率先加入志工行列。擔任志工隊員半年後，「后豐社大」首任校長因健康惡化請辭，羅隆錚老驥伏櫪，臨危受命接任校長職務，他常笑說自己是「志工變校長」。

羅隆錚很認同社大辦學理念——「知識解放；公民文化」，也認同清華大學前校長梅貽琦「大學之為大，不在校舍之宏偉，而在大師之有無」之論說。他上任後，立即在社大推動「大師講座」（曾邀廖一久、翁佳音等到校演講），與「公民參與」、「地方創生」，訂為后豐社大辦學三大主軸。

兩年半的任期內，共計辦了五場大師講座，及五場教學成果發表會。第五場更將20多項師生成果推上葫蘆墩文化中心的大舞台。公民參與的議題，如「長照政策VS現況」或環保、生態多元……等。地方議題則有：「花博的永續思考」、「大甲溪、大安溪的水資源」、「地方隱藏冠軍企業的發現與表彰」等。使后豐社區大學和在地更緊密結合。

1988年8月7日，舉辦海外黑名單自由返鄉運動，羅隆錚上台演講。（羅隆錚提供）

有道是：士兵沒有選擇戰場的權利，2020年，台中市父母成長協會因不再營運后豐社大，羅隆錚老師也因此卸下后豐社大的擔子，歸隱山林。

回首這一生，他最感謝的是愛妻李淑如，他們定情於1973年的「溪阿縱走」（溪頭到阿里山）活動，因為險境環生，女生大多由男生牽手度過。原本不認識的羅隆錚、李淑如，剛好走在前、後面，羅隆錚自然扮起「英雄護美」，竟然就「牽手」了一輩子。從1974年結婚，如今走過46年歲月，羅隆錚冒險投入黨外、參加民進黨、建國黨，到成立葫蘆墩文教協會、父母成長協會，李淑如都一路支持，她是羅隆錚能奉獻台灣、貢獻社會永恆的最大支柱。

勇敢堅持的台灣氣勢——游善伯

採訪、撰稿：魏吟冰

2002年5月11日游善伯夫妻參加台灣正名運動。（游善伯提供）

2007年游善伯在工廠內創建「台灣氣球博物館」。（洪碧梧攝）

氣球達人　堅定黨外

位於台中市神岡區的「大倫氣球」，成立迄今已60年。歷經1990年代傳統製造業外移的衝擊，堅持根留台灣，持續進行技術研發、品質提升，產品外銷到全球130幾個國家，不僅成為目前台灣碩果僅存的橡膠氣球工廠，2007年更進一步成立氣球觀光博物館散播歡樂氣氛。這個永不放棄，堅持到底的台灣中小企業故事，最大推手就是董事長兼總經理游善伯。但在成功事業的背後，游善伯其實早已以同樣勇敢、堅持的精神，默默投入台灣的民主及獨立運動。

說到游善伯醉心於台灣政治運動的改革，就不能不提到他的牽手游太太。游太太不僅一路鼓勵、配合，還全程參與1996年彭明敏總統助選活動。這20年來更是全心投入URM（Urban Rural Mission，城鄉宣教運動），進行草根組織培訓的志工工作。但個性低調的她，始終認為自己只是扮演「為所應為」的一根螺絲釘，堅持不要寫出她的全名。

1944年生的游善伯，雖是台中人，但自小在花蓮長大。大學畢業後到高雄的貿易公司跟報關行上了幾年班，之後因父親回台中神岡接了舅公經營不善的氣球工廠。一方面因家裡催促，一方面也因結婚成家，毅然搬回豐原、神岡，協助經營氣球工廠。

2002年5月11日游善伯與同志們參加台灣正名運動，游善伯（左三）、曾心儀（左四）、游太太（左五）、林宗正牧師（右三）、女兒游琬渝（右二）。（游善伯提供）

游善伯自高中到大學，學校教官屢次勸說加入國民黨，但他始終拒絕。因為他曾接觸到《文星雜誌》等自由主義書刊，對國民黨一黨獨大的威權統治不表認同。結婚後，太太娘家的背景，讓他更有機會接觸到民主改革的資訊。他與太太的姻緣是因堂兄游正義所促成，堂兄與太太的二哥黃耀輝是同學，黃耀輝在黨外時期就有「花蓮鐵漢」之稱，孤單開拓艱困的台灣東部。黃耀輝很有宣傳概念，曾把宣傳車設計成「戰車」，競選政見文宣以支票造形呈現，代表要兌現承諾。這在當時應是首創之舉，之後有很多候選人效仿、跟進。

夫妻一心　奉獻民主

游善伯夫婦1973年結婚，婚後一年多搬回台中豐原。未久，黨外民主運動開始風起雲湧，有「台中民主聖地」之稱的光復國小外操場，是黨外人士舉辦群眾活動最熱門場地。早期，游太太因孩子還小需要照顧，不便與先生一起去聽演講。她就會準備好「飯包」，讓先生帶去現場當晚餐。早早到了演講場地的游善伯，總是準備一台錄音機，站到演講台最前方，把整場演講內容錄下來，一方面可以讓無法前來的太太聽，一方面自己回家也可再重聽回味。

當年氣氛很緊張，游善伯拿著錄音機錄音，曾被民眾誤認是情治單位派來蒐證。還好解釋開了，大家也就莞爾一笑。之後，賣演講錄音帶跟CD、錄影帶的民主小販愈來愈多，也就不用自己錄音。游善伯至今還保留不少當時的錄音帶跟CD。游善伯說道：「以前的演講站得滿滿滿，幾乎都要用擠的，工作人員會拿著募款箱穿梭會場，好像教會一樣，募款箱很快就被鈔票塞滿。那時的場景、氣氛很令人感動。」而他們夫妻熱心支持的對象，並不只有選舉運動，也包含社會運動，如台灣獨立運動的宣揚、推展。另較少人關注的團體，如「台灣教師聯盟」……等，則是他們長期贊助、奧援的對象。

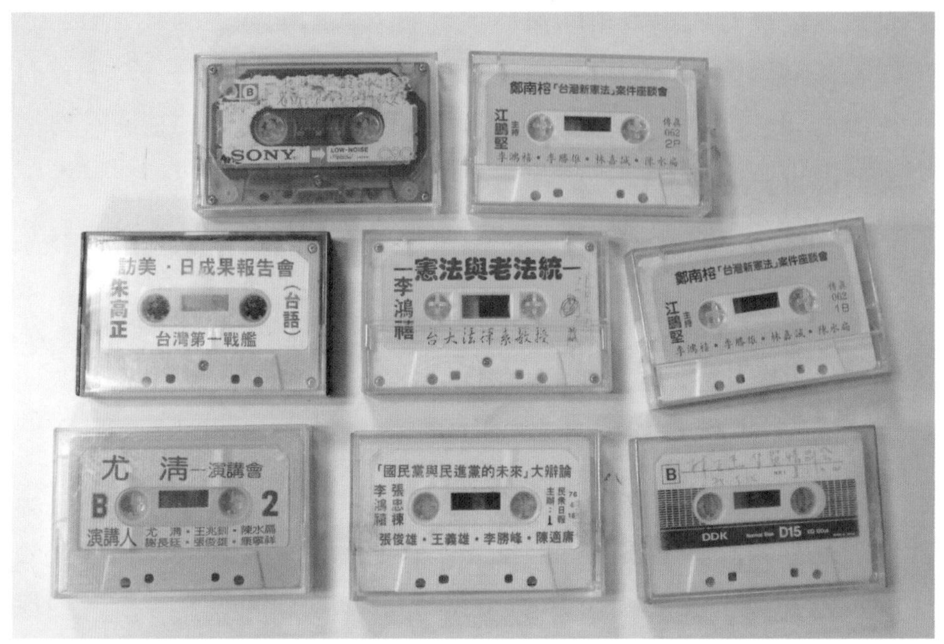

游善伯保留早年聽政治演講的錄音帶。（游善伯提供）

春節禮品　傳遞理念

由於經營氣球工廠生意的關係，逢年過節常為客戶、廠商相互送禮的事傷透腦筋。游善伯也對這種送禮文化不以為然。他幾經考慮，選擇製作工商日誌當春節禮品，既實用又不俗氣。最特別的是，他送工商日誌時，會附贈一本小冊子。這小冊子主要是報章雜誌的剪貼，平時他們看到報紙、雜誌上的精彩文章，游太太會把它剪下來，再自己剪貼分類排版。他們把它視為是「思想滲透」。除了政治性文章外，也會放些醫療、健康、生活類的資訊。

年年如此累積下來的經驗，也讓他們愈做愈順手、愈做愈精緻，甚至愈做愈像一本書，索取的客戶也愈來愈多。游善伯說：「公司小姐年底時，還曾接到客戶打來電話說，可以不要工商日誌，但一定要那本小冊子。也有客戶開玩笑地說：『你們老闆是要選舉嗎？怎麼弄得這麼精彩？』」對游善伯來說，這本小冊子內容就像武功祕笈，出外遇到立場相左者，這些就是說服及辯論的利器。游太太則是很客氣的說：「好的文字就是我最好的珠寶！這些嘉言良句我都把它抄起來，再轉化成養分，其實也就是拾人牙慧。」

游善伯夫妻蒐集報章雜誌的精采文章，編目錄製成小冊子，每年連同工商日誌一起贈送客戶。（游善伯提供）

上：大倫氣球包裝盒六面皆印有中華民國國旗防止仿冒。（游善伯提供）
下：游善伯（左）與香港商林經理在香港玩具展會場。（游善伯提供）

一顆熱愛台灣的心，使得游善伯在經營外銷生意時，有他自己「去中國化」的一套方法。他父親以前往來的銀行中，像「中國商業銀行」或「華僑銀行」，他都結束往來，改以「台灣銀行」、「玉山銀行」取代。公司對外的信紙也一律改為「REP.

OF TAIWAN」，國外信用狀他也要如法炮製，公司同事聽了就很緊張，難免會跟游善伯抱怨：「都是你啦！萬一銀行有意見怎麼辦？」游善伯拍胸脯保證：「如果有問題，包在我身上，我來應付！」結果，銀行連一通電話都沒打來問過，近20年來公司的信用狀地址都是以「REP. OF TAIWAN」為名發出。

從事外銷生意的同時，游善伯甚至也把台灣民主及獨立的理念傳遞到國外。某間香港貿易公司林經理，因聽得懂台語，彼此更能溝通，雙方不只是生意上的合作夥伴，更像比好朋友還要親近的兄弟。只要游善伯去香港參展，一定住在他家，而「大倫氣球」在香港的業務，從此也都交給林經理的公司處理。林經理因為非常喜歡台灣，還特別申請台灣身分證。這兩年香港「反送中」運動如火如荼，林經理也不錯過任何一場活動。

捐贈汽球　綠營最愛

游善伯夫妻支持民主及獨立運動的做法，有別於傳統基層的組織串連形式，除了捐款外，他們最特別的就是善用自身氣球的專業跟優勢。游善伯回憶：「陳定南競選省長時，我們很認同他的理想與堅持，也覺得在造勢場合發放氣球應該對吸引民眾有幫助。我們也沒跟競選總部聯絡，看到哪裡有造勢場合，就主動跑去『鬥鬧熱』（湊熱鬧）。」他負責灌跟綁氣球，住在大肚山上的林順德夫妻跟游太太就負責發送。只要是他們認同的候選人，如果在台中縣、市，時間上可以配合，他們就會自己準備「家私（工具）」去。

外縣市的候選人，游善伯就自己幫他們設計、印名字，兩、三千個汽球寄過去，最遠還曾寄給選澎湖縣長的陳光復。游太太也不忘在一旁補充：「這些氣球都是我們個人掏腰包跟公司買的，雖然是家族企業，凡事還是要按照公司制度走。」而對於他們是不是台灣第一個以氣球作為選舉造勢文宣，游善伯則是謙虛的說：「我並不是很確定，初期做贊助時，有些候選人也怕被聯想「歕雞（吹牛）」而不一定接受。反正，我們認同的人選就寄過去，至於用不用就看候選人自己了。」他們以氣球的方式贊助跑場，利用假日跟晚上累積下來，也有好幾百場以上。2004年阿扁競選連任，為了幫忙拉抬聲勢，他們還贊助了一顆很大的空飄氣球，掛在潭子、神岡之間一戶人家的屋頂非常醒目，來往經過的人車，遠遠的就能看到，令很多人留下深刻印象。

游善伯在1988年加入民進黨，算是台中縣創黨黨員之一。主要是因時任民進黨台中縣黨部第一屆執行長羅隆鍏老師，對他說的一席話：「不要讓外界認為民進黨都是穿草鞋、嚼檳榔，我們之中也是有做生意的工廠企業主，這樣可以起一個標竿示範的帶頭作用。」之後，羅隆鍏老師在政治上退到第二線，多數時間從事教育、文化改革運動。因緣就是這麼巧妙，羅隆鍏勸進游善伯加入民進黨，8年後，1996年建國黨成立，這次反而是游善伯力邀羅隆鍏加入建國黨。

台灣氣勢　昂首闊步

這幾年，游善伯較少參與政治活動，游太太則是持續不間斷地擔任URM組織培訓志工，極力推崇長年奉獻的林宗正牧師，也很驕傲表示：「目前當紅的陳柏惟立委（3Q），曾經是URM的培訓學員。」

近年來，最令她難忘的，是2015年蔡英文參選總統南下台中的一場募款餐會中，游太太寫了一封信給她，雖然在層層護衛包圍下，她利用近身的機會對上小英的眼神，輕輕地說：「您可以看看這封信嗎？」沒想到不僅獲得柔和的回應，也請秘書把信收下來，對游太太來說也算完成一件她的心願與盼望。

訪談終了，游善伯夫婦特別介紹了游錫堃院長多年前致贈的牌匾「台灣氣勢」，意在期許大倫氣球工廠成為台灣之光，更象徵台灣在堅持民主、平等的道路上昂首闊步，充滿自信氣勢地建立一個新的國家。

前行政院長游錫堃贈送「台灣氣勢」匾額。（游善伯提供）

游善伯經營的大倫氣球工業股份有限公司入口，上方的白兔子為大倫的吉祥物。（洪碧梧攝）

為弱勢農民吶喊　發出第一聲
——胡譽鐘

採訪、撰稿：林純美

1988年3月16日，全台農民走在台北街頭抗議。胡譽鐘擔任副總指揮。（胡譽鐘提供）

1988年4月26日，全台農權會的農民們開著農機車到台北總統府前抗議。（林純美提供）

1987年10月，成立甫一年的民主進步黨，正在全台灣如火如荼地舉辦「國會全面改選說明會」。一百多場說明會上，演講者個個慷慨激昂，痛訴統治者的不公不義，以及國會全面改選的必要。

在中台灣海拔一千七百公尺的梨山，自8月中旬即盛產的梨子、蘋果，採收漸進尾聲。這一日，在梨山郵局前，聚集了一群剛領到北部行口寄來貨款的農民。三三兩兩議論紛紛、臉色凝重。

老農驚天一哭　農運風起雲湧

一位老榮民甫拆開信，罵了兩句，突地嚎啕大哭，混雜著鄉音說著：「一萬斤的蘋果，賣不到十萬塊錢！農藥行等著要收錢哪……」老榮民不知道他的驚天一哭，引起了沉寂60年的農民運動，全台灣數千農民聚集台北立法院，抗議政府大量開放外國農產品進口、果賤傷農、農民活不下去。農民抗議遊行從12月8日、隔年3月16日、4月26日、5月16日，一波強似一波，終致引發國民黨政府統治台灣，自二二八以來，最大規模的流血衝突「520事件」。

當時，梨山天府農場的胡譽鐘（本名胡壽鐘），正好也在梨山郵局門前，目睹了這一幕。胡譽鐘因父親在梨山留下兩甲多地，自1978年即跑到梨山種起蘋果、梨子。一眨眼9年多，又多承租了四甲地，當個專業農民。

看看涕泗縱橫的老榮民，想想自己一大片待採收卻不夠工錢的蘋果，胡譽鐘不禁一陣心酸。接連幾天，輾轉反側，難以成眠。

知道10月20日「國會全面改選說明會」要在東勢國小舉辦，胡譽鐘特地從梨山下山回東勢的家。跑了一趟果菜市場，水果堆積如山，一箱六、七十斤的水果，大盤商叫價不到100元。問問相熟的農民，個個叫苦連天，卻一籌莫展。

「果賤傷農，為什麼今年特別嚴重？可惡！連省青果合作社都在替進口水果打廣告。」回到家，滿腔憤怒的胡譽鐘實在坐不住，拿起筆寫下了掀起農民運動的第一份文宣：

「果農們，請仔細算算看，您今年的水果價格是多少？獲得多少利益？

台灣40年來，農業扶植工業的政策，創造了城市大量財富，卻導致農村凋蔽、貧困化的惡果。為了平衡中美間的貿易，台灣成了美國最大農產品市場，台灣的農民，竟成為貿易平衡的代罪羔羊。

覺醒吧！果農們！團結就是力量，請大家告訴大家……手牽手、心連心，一起來參加『東勢區果農自力救濟委員會』，一個確實為您爭權益的團體。

為了生存下去，勇敢的站出來。」

胡譽鐘登高一呼　催生農權會

這是一張只有A4一半打字印刷的粉紅色傳單，卻是之後引爆農民怒火的引信，胡譽鐘印了三百張，在10月20日晚上，東勢國小「國會全面改選說明會」上，一個一個發，連藏身在大樹陰影下的民眾，他也不放過。有別於其他演講者大聲疾呼「國會全面改選」，胡譽鐘上台卻是大力抨擊政府開放外國農產品，對農民的打擊與傷害，他一聲聲呼喚：果農們，覺醒吧！勇敢站出來！

為了鼓勵農民站出來，他還自費兩萬元，在台灣時報登了廣告，終於得到熱烈的迴響。

1988年農運，全台農權會幹部在街頭。胡譽鐘（前排右四）、新竹黃興東（前排右五）。（胡譽鐘提供）

1988年3月16日全台農民前往台北街頭抗議，胡譽鐘（左）在國貿局前。（胡譽鐘提供）

倔強好勝的胡譽鐘，引來老戰友火爆浪子林豐喜，加上做事慢條斯理學法律的王昌敏，三個剛好都是客家籍的民進黨員，山城三劍客賽過諸葛亮，不到一個月的時間，推動全台灣第一個「山城農民權益促進會」於11月5日成立。更促成各地成立農權會。引領全台農民運動的風潮，向政府提出健全產銷制度、農民保險等十二項訴求。促成農民政策的改變，胡譽鐘的第一聲吶喊，至為關鍵。

胡譽鐘，1948年出生於台中縣東勢鎮中嵙口，父母都是來自彰化永靖的客家人，生了三子三女，胡譽鐘是家中的老么。3歲時母親因病過世，父親終生未再娶，胡譽鐘是嬸嬸、大嫂和大姊帶大的。

為了食指浩繁，父親整個心思都放在生意上。小時家裡經營草繩間，請了一、二十個工人打草繩，還兼做醬油、收破銅爛鐵資源回收。隨著時代發展改進口大豆做花生油、沙拉油、肥料買賣、運輸業、開冷凍廠……，在中嵙口有多家店面，貨車不知多少輛，經濟相當富裕。

生長在商人之家的胡謦鐘，初中就請家教，高中就有自己的摩托車。高中原本唸的是台中高農（今興大附農），無意中看到中國市政專科學校（今中國科技大學）在招生，決定遠離故鄉去台北唸書，還選了最新成立的「公共衛生科」。五專的學費，加上住宿、生活費，在1960年代，只有貴族子弟才唸得起。

富家子弟　黨校出身

中國市政專校是國民黨青年軍創辦的學校，黨味十足。有錢人家的子弟胡謦鐘，很快就被要求加入國民黨。有意思的是，學校老師不少是留美回來的，上課時老師經常談到美國的民主，也鼓勵他們去聽聽黨外人士黃信介、康寧祥的政見會。胡謦鐘也因此認識同校市政科來自桃園中壢的許傳吉，他的哥哥正是日後當了民進黨主席的許信良。

畢業入伍一年十個月，胡謦鐘當的是陸軍砲兵。在軍中還參加了「三民主義講習班」，於1974年退伍。

在出國還是非常不容易、必須經警備總部批准的年代，胡謦鐘國民黨籍及三民主義講習班的身份，讓他得以在退伍後，出國到泰國、越南、新加坡、馬來西亞、香港，看看外面的世界，也讓他第一次感受到跟台灣不同的「自由空氣」。

退伍後，胡謦鐘回到台中經營貿易，正巧碰到石油危機，虧了兩、三百萬，被父親叫回故鄉東勢，在家裡的花生油廠工作，也賣起了從泰國進口的肥料。

助選三月　民主啟蒙

1975年原籍彰化埔心的黃順興，參加第一屆第二次增額立法委員選舉，選區包含台中市、台中縣、彰化縣、南投縣四縣市。黃順興的姪兒當時在青果合作社東勢分社工作，以同鄉的理由找胡譽鐘幫忙。胡譽鐘原本礙於自己是國民黨員沒有答應，聽彰化親戚說，黃順興在台東口碑很好，又打著替農民出頭的口號，但因為是黨外，竟然沒有人敢去幫忙。這打動了胡譽鐘，於是在27歲人生第一次投入助選。單純的他萬萬沒有想到，三個月的助選，竟然徹底改變胡譽鐘一生的政治認同。

當時黃順興台中市總部設在台中後火車站大智路上一間小房子，胡譽鐘每天從東勢騎一個半鐘頭摩托車到總部，然後陪宣傳車到四縣市繞。路上碰到國民黨政營的人馬，經常會換來一頓痛罵，言語非常不堪、極盡侮辱。車子經過不少鄉鎮，更會有「兄弟」站在路旁，若發生糾紛，對方往往叫警察來抓人，讓開宣傳車的駕駛心生恐懼，要不是有淵源，實在幹不下去。

競選總部對面，每天都有便衣從早到晚站崗，監視總部的一舉一動。黃順興更交待助選員：「晚上回家要小心點。」怕會被便衣跟蹤、逮捕。胡譽鐘想起初次與黃順興見面，黃順興告訴他從政、選舉以來的種種打壓，原來都是真的，不平之情，油然而生。

胡譽鐘幫黨外助選的消息傳到國民黨東勢服務站，他們先是動用親情叫老父勸說。由於胡早出晚歸天天不見蹤影，說去台中找朋友，老父也無可奈何，只交待他不要去助選，不要碰政治。

接著動用地方民代、調查站紛紛出籠施壓，更直接質問他：「為什麼要幫黃順興？」黃順興的姪兒只要跟胡譽鐘碰頭，馬上被追問談了什麼、做了什麼。胡譽鐘有次開宣傳車回東勢繞，沒想到他的同學、親友紛紛避之唯恐不及，還請人轉告胡譽鐘，拜託不要去找他們，不然會害到他們。

「幫黨外助選這麼恐怖？」個性倔強好強的胡譽鐘，性子火起來，乾脆在夜裡拿黃順興的競選海報，去國民黨東勢民眾服務站貼了好幾張，在保守的東勢農村，公然向黨國勢力挑戰！

1989年9月27日胡譽鐘（左）與黃順興（右）合影。（胡譽鐘提供）

四十五年前的兩萬元　人生的第一筆政治獻金

助選三個月，面臨各式各樣的打壓、阻撓和威脅，即使青春正盛的胡譽鐘，都覺得又苦又窮又累。實在看不下去，在一次政見會場，他拿了自己的存款兩萬元給黃順興（在當時一般員工薪水大約兩、三千元），讓黃順興對這個來自鄉下的青年，印象深刻。

當選後的元旦，黃順興邀請助選幹部到他大村的家，殺了一隻家裡養的鵝，請大家吃飯。飯後，還送了胡譽鐘一張親筆簽名的照片。往後每年過年，總會寄張簽名照，打電話拜年，一老一少結了半生的緣份。黃順興總是告訴胡譽鐘，台灣一定要建立民主的國家，一定要打倒國民黨，也經常帶他到各地去參加大型的黨外政治活動。

胡譽鐘很慶幸自己的一次助選，遇到了啟蒙他民主思想的老師。然而，將他帶到民進黨，讓他變成政治狂熱份子的，卻是因熱愛登山而認識的林豐喜。

林豐喜引薦　踏上民主不歸路

胡譽鐘跟林豐喜兩人都是登山狂，分別擔任東勢及潭子登山會會長。林豐喜是出身東勢大茅埔的客籍農家子弟，他開了一家小型鐵工廠，身兼立法委員許榮淑台中縣服務處的總幹事，是地方非常活躍的黨外人士。同樣年輕氣盛、嫉惡如仇的胡、林兩人，因登山結緣，曾聯手幹過一件轟動地方政壇的大事，導致台中縣救國團總幹事下台。

1993年秋，胡譽鐘幫東勢同鄉客籍子弟、民進黨提名立法委員候選人蘇瑞雲助選。右前一拿書者為胡譽鐘。（胡譽鐘提供）

在林豐喜熱心引薦下，胡譽鐘踏進台中市的許榮淑服務處，當時「黨外公政會台中分會」也設在那裡，常在台中公園舉辦演講、唱台灣民謠，胡譽鐘場場必到，聽得越多、知道越多，每每內心激昂地回到東勢的家，思潮洶湧，不能成眠。

胡譽鐘是1987年3月11日加入民進黨，成為台中縣黨部第一批入黨的黨員，編號20號。擔任過台中縣黨部第一屆執行委員。至今黨齡三十三年，可謂資深。然而，真正資深的是無論大小選舉，從總統、省長、市長、縣長、立法委員、國大代表、縣、市議員，至鄉鎮長、里長、代表……，任何人需要幫忙，只要是「青標欸」，他都毫不遲疑投入助選。許榮淑、楊嘉猷、李宗藩第一次選舉，胡譽鐘都曾參與。無論有無職務，競選期間，總會見到他穿著競選背心，開著老車拿著傳單上山下海四處拜託。地方上看到他，都叫他「民進黨欸！」

除了助選，胡譽鐘對於社會運動的參與，無論環保、工運、還我客語運動、民進黨主辦的各式各樣的說明會，胡譽鐘從不缺席，遠至花東、宜蘭、屏東、高雄、台南……，胡譽鐘的活動足跡，遍佈全台灣，也結交了不少熱心的社運夥伴。2004年，年近花甲的胡譽鐘，還特地北上「李登輝學校」成為農經領袖班第二期的畢業生。這一條民主之路，一旦覺醒，永不回頭。

未竟之夢　農業部與制憲建國

今年高齡73歲依然務農為生的胡譽鐘，對於自己投注民主及農民運動的一生，沒有後悔，卻有遺憾。一是「農業部」至今未成立，主管農業的最高機關，仍只是一個委員會。他認為農業是立國的根本，應該提高層級，表示政府對農業的重視；另一個就是

1988年3月26日民進黨台中縣黨部成立當天合照，前排左起胡譽鐘、林富源、林豐喜、田再庭、許榮淑、黃金島、黃華、吳明宗、王昌敏、徐春木。（林純美提供）

「台灣應該制憲，修改國旗、國歌、國名，建立以台灣為主體的國家」，他認為民主自由的台灣，要與獨裁統治的中共統一是不可能的。「制憲建國」是他餘生的夢想與期待。

胡譽鐘，一個戰後嬰兒潮世代，出生於富裕的商人之家，成長於威權統治的戒嚴時代，受的是黨國教育，在農民無力承受政府大量開放外國農產品進口沉重打擊的關鍵時刻，他無懼威權挺身而出，為弱勢農民發出怒吼，爭取農民權益，不遺餘力。更在台灣邁向民主的進程中，投身街頭民主運動，無役不與，無欲無求。對於二度執政的民進黨，他責有多切，愛有多深。走了45年的民主長路，胡譽鐘始終沒有因為走得太遠，而忘記當初為什麼出發。

無可救藥的草根戰士
——張基進

採訪、撰稿：陳欽隆

1994年，張基進手持大聲公，為陳欽隆競選豐原市長，掃街菜市場拜票。（陳欽隆提供）

「孤鳥」住「鳥屋」

在台中市后里區的公館大安溪畔，住著一位威權時期反對運動的老戰士張基進。他那歐式尖塔形木造閣樓，他的老戰友陳欽隆戲稱其為「鳥屋」。少年子弟江湖老，當年瀟灑風流的他，如今是鬢髮斑白，放浪形骸，不修邊幅的樣子。看著他，總會讓人想起一首叫「公無渡河」的古詩，詩裡描寫一個「白首狂夫」：「公無渡河，公竟渡河！墮河而死，當奈公何！」意思是：「叫你不要渡河，你偏偏渡河。結果溺死河中，又能怎麼辦？」

這位白首狂夫，相當吻合張基進的人生圖像。

張基進與陳欽隆是三十年生死之交，他們攜手投入反對運動，不管是在基層從事草根工作，或是號召群眾走向街頭，陳欽隆領導，張基進指揮，總能掀起一定能量。但在資源搶奪、派系鬥爭的場域，他們則因不願隨波逐流，而淪為「孤鳥」。「孤鳥住鳥屋」，則是陳欽隆對他的戲謔之語。

船員的浪蕩人生　接觸台灣悲情歷史

張基進，1949年誕生於后里。初中讀台中一中豐原分部，豐原高商肄業，是家鄉后里墩仔腳的「囡仔頭王」。因不愛讀書，索性提早入伍。役畢後，起心動念當船員，一心要遊歷天下。1971年初，瞞著父母，跑去基隆報名海洋學院船員訓練班，拿到海員證後，立即出國當船員。行船八年，職位升到二副，足跡踏遍東南亞、東北亞、非洲、北美、中南美等四十餘國。他個性中那種無畏無忌、開闊胸襟，應是當船員時孕育、培養出來的。

做為浪蕩的船員，最大的享樂是「喝盡美酒、看遍美景、享盡美色」的「三美」人生。張基進從21歲到29歲，正值年輕力壯又單身多金，風流快活的海員生活，日子過得真是瀟灑又愜意！但也因在日本、美國，看到有關台灣二二八事件史料，讓他瞭解到台灣人的悲情歷史，進而有「身為台灣人的悲哀」的覺悟。

張基進一次在日本東京灣，濃霧中發生撞船意外，他跳海逃生，在海上漂浮十多小時才獲救。這是他生命中第一次劫難，他活了下來。在日本他結識一位女友，還曾相偕計畫移民紐西蘭，可是此時張基進頸椎突發病變，幾乎致命。他不願拖累女友，毅然訣別，隻身回台灣。

張基進回台灣求醫，不知是自體免疫系統發揮自救能力，還是故鄉水土治癒他的頑疾，他的病癥，竟消失無蹤，這是他生命中第二次的劫難，他又活下來了。

返鄉后里　草根運動的先行者

1978年初，張基進回到故鄉后里，曾在中和村養鵝，但虧了老本。又從事土木建築監工，在一次跳舞社交場合，認識了在民眾服務站任職的羅月香女士，兩人於年底結婚，婚後育有兩子。

在這期間，張基進開始接觸了黨外運動。他總購買黨外雜誌，提供親友閱讀。他在墩仔腳開了一家「全美鮮花店」，一來可以營生，二來可以深入基層，廣交朋友。他開始投入草根工作，組織群眾，為黨外在后里厚植地方實力。

1979年正月，台美斷交；12月10日爆發美麗島事件，國民黨栽贓式的清掃黨外勢力，激發張基進高漲的反抗意識。1980年2月28日發生林宅滅門血案，更令人髮指。1981年，陳文成命案，讓他義憤填膺。從此他不顧戒嚴威權、白色恐怖，投入美麗島家屬號召的黨外選舉動員，參加街頭遊行。

1986年9月28日，民主進步黨在台北圓山飯店創黨。國民黨政府雖不承認，但在國際壓力下，也沒有大肆取締、逮人。1986年11月30日，許信良欲突破「黑名單」，爆發桃園中正機場闖關事件，張基進帶領一隊人馬前往聲援，參與抗爭。

1987年民進黨台中市黨部成立，很快也帶動台中縣黨部在隔年成立，張基進是熱心的創黨黨員之一。接著，他到台南口碑教會，參加由長老教會推動的TURM（台灣基督教城鄉宣教協會）組訓。這是台灣最早期的草根訓練。他更將住家做為「后里鄉黨部」，自掏腰包購買播音器材，舉辦多次組訓活動，並邀請知名人士來演講。

1992年反核大遊行，萬人參加，於立法院門口舉行「反核四飢餓24」靜坐。（陳欽隆提供）

因為家中常有集會，馬上引來情治單位關切、監視。警憲單位還曾荷槍實彈包圍，恐怖氣氛瀰漫全村。但張基進不為所動，理性以待，據理力爭。他的父親曾叱責他；母親則心疼他，說他「摸天秤秤」（台語，不知天高地厚的意思），但也沒阻擋他為民進黨在后里奠基的行動。

后里鄉公所因轄內出現反對黨基地，頭痛萬分，指派村幹事隨時窺伺、查探，張基進乾脆邀請村幹事每天到他家開早餐會報，主動提供反對黨各項活動資訊，讓村幹事能向上級交代。張基進的特立獨行，為人所不敢為，贏得左鄰右舍喝采！

1989年立委、省議員選舉，1990年縣市議員選舉，張基進都是民進黨在后里的助選主力，更全力支持林豐喜當選「豐原后里區」縣議員，之後曾出任其後援會會長。在那風起雲湧的年代，張基進在后里鄉，儼然成為反對運動的領頭羊。

群眾運動與選舉總動員

1989年4月7日，自由時代週刊社長鄭南榕，為堅持百分之百言論自由，自焚身亡，輿情震動。此一事件後，在國中教書的陳欽隆決心掙脫台灣人的悲情宿命。1990年3月野百合學運後，陳欽隆毅然決然加入民進黨，不久，受當時主委楊嘉猷指派擔任文宣組長。

當時縣黨部到各鄉鎮辦理「國會全面改選」巡迴說明會。一者推展基層組織，一者藉此訓練演講人才。后里場，由當時台語還不太「輪轉」的陳欽隆，上場演說，當天晚上，大夥兒被熱情的張基進邀到他家喝酒、暢談，這是陳欽隆和張基進此後30年交情的初相逢。

張基進等人為突破媒體壟斷，在縣黨部籌設民主有線電視（第四台），陳欽隆也獲邀入股。張基進擔任第四台無給職經理，每天到黨部上班；而陳欽隆因在豐東國中任教，而學校就在縣黨部附近，所以常利用空堂及下班後，去黨部處理文宣、新聞。兩人因志同道合，從此攜手合作，闖蕩政壇。

身為台中縣民主運動的先行者，在草根工作、基層組訓上，兩人參與甚深；而在街頭抗爭時，也是無役不與。在這方面，張基進是陳的前輩；他們並肩攜手，共同組織群眾，號召動員。

在台中縣，他們以《大甲溪》雜誌社之名從事社運，曾發動「后里三鄉市垃圾掩埋場抗爭」。陳欽隆當選國大代表後，擁有更大能量動員，協助「大甲鎮建興里垃圾掩埋場」附近里民發動抗爭，除了在垃圾場旁邊埋鍋造飯、在大安溪堤防夜宿，長期抗爭外，並率眾上台北立法院陳情。逼得當年的環保署長趙少康出面承諾，不再傾倒垃圾於掩埋場。

1993年台中縣長選舉，張基進為民進黨提名候選人楊嘉猷街頭演講。楊嘉猷競選主軸為「清廉治歪哥，縣長換人做」。（陳欽隆提供）

1996年12月30日張基進（右）與陳欽隆（左）攝於陳欽隆市長辦公室，兩人成為一輩子的戰友。（陳彥斌提供）

1993年底，爆發「豐原神岡反大學城自救運動」抗爭。這是台中縣有史以來最大群眾運動，在萬人以上的抗議遊行下，迫使台中縣長廖了以當場向群眾宣布停止「大學城」規劃。此次遊行的組訓、動員，陳欽隆和張基進著力極深。

陳欽隆是民進黨在台中縣公職選舉中，早期勝選的佼佼者。1991年第二屆國大代表全面改選，他和楊嘉猷分別在山線、海線當選。在國民黨紅、黑兩派壟斷的中縣選舉，是難能可貴戰績。1994年，陳欽隆又當選縣轄市豐原市長，更是名聞遐邇；1996年，陳欽隆的妻子傅淑真，又在豐原當選第三屆國大代表。此役，民進黨在該選區提名傅淑真、吳富貴（大學城受害者自救會總會長）雙雙當選，在台中縣是首開先例。

在陳欽隆與傅淑真當選公職的過程中，張基進都是選戰中運籌帷幄的最核心幹部。陳與妻的國代服務處八年運作中，張基進則都是經營、服務的總幹事。

1997年，陳欽隆以無黨籍參選台中縣長敗選。1998年初，其妻傅淑真參選豐原市長也嚐敗績；同年底，陳又以「新國家連線」成員參選立委，再鎩羽而歸。這三次敗選，張基進也都是義無反顧的付出，全心投入，甚至慷慨解囊，挹注選戰經費。

陳欽隆與傅淑真在歷次參選中，三勝三敗，從平步青雲到政壇折翼，張基進和他們夫妻，始終「肝膽相照」。一路走來，「不以物喜，不以己悲」，從不曾失志、喪氣。

2010年六都直轄市長大選，民進黨由黨秘書長蘇嘉全掛帥出征，民心振奮。張基進在競選架構外，自行籌組甲后區「蘇嘉全後援會」，整合民進黨非美麗島、非新潮流派系勢力，結合地方仕紳，動員群眾，為蘇嘉全助選。此次戰役，蘇嘉全帶動風潮的能力有目共睹，可惜不能一鼓作氣，可以贏而未贏，實在令人扼腕。

1994年1月陳欽隆豐原市長競選總部，總幹事張基進（中）主持幹部會議。（陳欽隆提供）

開拓民主電視台　耗盡家財終不悔

民進黨建黨初期，有一派主張：「草根工作是群眾運動的基礎，選舉路線是群眾運動的實踐，而公職是草根工作和群眾運動的工具」。張基進因服膺此一信念而響應、參與。他不為名、不為利，一心為反對運動厚植根基。他雖和陳欽隆情同兄弟，但他著力處始終都在組訓和基層動員的草根工作。

1990年代初期，台中縣民主電視台在豐原成立後，張基進將第四台市場的開拓，視為草根工作第一要務。他先是集資成立后里分台，陳欽隆當選國代後，擴大為「甲后（大甲、后里、外埔）民主有線電視台」。後來台中縣民主第四台和山線同業整合，張基進又以陳欽隆豐原市長名分當發起人，在傅淑真國代服務處設立「大甲溪民主有線電視台」。

陳欽隆和傅淑真雖然先後擔任有線電視台的名譽董事長，但實際募股籌設工作及成敗責任，皆由董事長張基進承擔。他把繼承自父親的僅有房屋拿去貸款，全部投入。大甲溪台募款過程備極艱辛，但過去的部份政壇盟友，卻袖手旁觀，甚至存心看戲。「我本將心向明月，奈何明月照溝渠」，令正直的張基進無比惆悵！

大甲溪有線電視台在陳欽隆台中縣長落選後，失去政治力量奧援，幾個主要投資者決議要和東森多媒體（豐盟有線電視台）合併。張基進原有機會到合併後的公司任職，但他卻不願與那些汲汲求利者為伍，視職位如敝屣，率爾離去。

眼見成立民主電視台的本意變質，張基進和陳欽隆兩人將持有股份賣出。他家財耗盡，墩仔腳的老家也沒了，只留下大安溪畔的鳥屋棲身，和再婚的妻子廖淑鳳及一子一女，共度晨昏。

回首民主來時路　不失快意人生

自1979年美麗島事件以來，到2010年首屆大台中市長選舉，31年間，張基進投入反對運動，凡街頭遊行抗議，一定看到他的身影；台中縣民進黨成立後，草根組訓、選戰動員，他也不落人後。奉獻青春、犧牲家庭生活；疏財捐獻，不遺餘力，終至阮囊羞澀，落魄江湖。

若以成敗論英雄，在民進黨人頭黨員猖狂的年代，陳欽隆與張基進「不涉黨務」、「不召募人頭黨員」、「退出剛性派系」的選擇，以及之後「退出民進黨」，無疑是自斷生路。然而是非成敗轉頭空，如今張基進已年逾七十、陳欽隆也年逾六十，「兩個老男人，一抹辛酸淚」。往事如煙，回首話當年，張基進在台灣最需要衝撞的時代，扮演無可救藥的草根戰士，也不失快意人生。

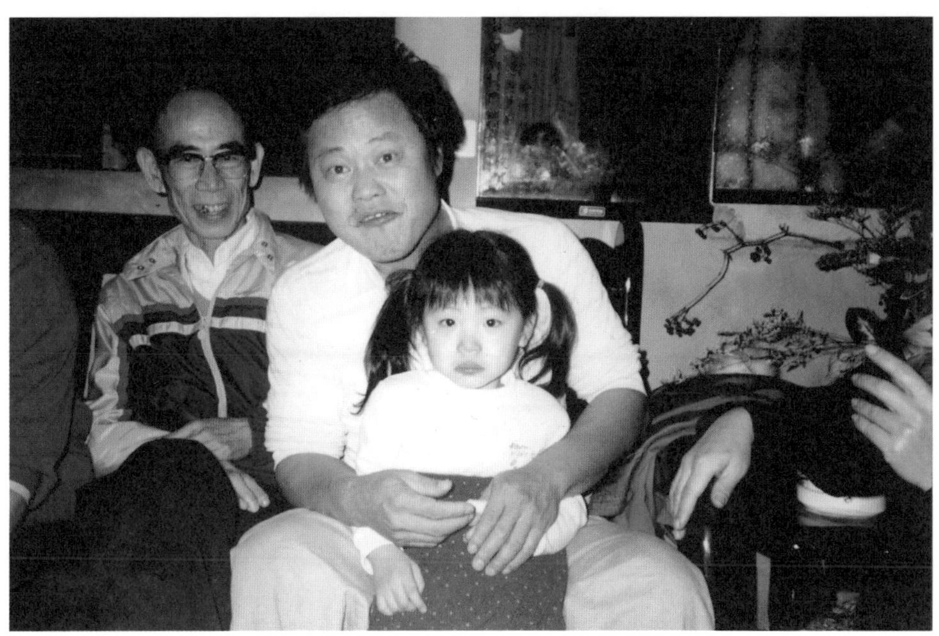

40多歲的張基進（右）與民主前輩張炯東（左）。（林純美提供）

Yes sir! 柯班長，報到！——柯西發

採訪、撰稿：魏吟冰

2013至2014年間，柯西發參加林義雄「人民作主」苦行運動。（柯西發提供）

1998年，柯西發為邱太三參選立委助選，攝於競選總部。（柯西發提供）

以身作則　班長精神

因穿著形象，被前台中縣長廖永來秘書魏嘉男認為酷似他當兵時的班長，從此「柯西發」就與「柯班長」這個暱稱結下不解之緣。軍隊中，「班長」是帶領士兵的基層幹部，要能服人、要以身作則，柯西發從自己的印刷事業，到參與民主運動的過程，心裡始終都有一把尺規，要求自己，也審視同行的夥伴，在爭取民主的道路上，做到不忘初衷，更要在掌握權力的過程中不致迷航！

1950年生於彰化伸港的柯西發，走上支持民主運動的路看似與多數戰友相同，但卻也有他的獨特之處。他同樣從黨外演講場合受到啟發，27歲在台北當印刷師傅的他，下班後常去聽黃信介等黨外人士演講，而體認到國家需要反對黨制衡；與其他人略為不同的是，柯西發是自體免疫性疾病「僵直性脊椎炎」患者，走路行動並不是很方便，因身體疾病他更能體會外界對弱勢的異樣眼光，也更能同理威權社會的不公不義。

「大軍壓境」反抗啟蒙

1979年6月，張俊宏等人於省議會質詢的「大軍壓境」事件，對柯西發是很大衝擊。當時省議會只要一遇到黨外的分組質詢，就經常有大批軍隊行軍經過，甚至公然將坦克、大卡車開進省議會，在省議會附近展開演習。此舉利用「行政權擾亂立法權」，對省議會及省議員極不尊重。這則新聞，當時就在柯西發心中埋下反抗的種籽，深覺威權政府是最需要被挑戰跟制衡的對象。半年後，果真就發生了震驚社會、影響深遠的「美麗島事件」。

從台北回到中部，柯西發選擇在台中清水落腳，黨外時期柯西發就開始參與清水地區的活動，主要參與者有蔡百修、林太平、現任台中市議員楊典忠父親楊丁財及謝文正、李長卿、吳燦堂、陳萬紫、廖俊鎮等人。清水有個「民主聯誼會」，是當時關心黨外民主運動的聚集據點。

定期聚會　深耕民主

柯西發回想當時民主聯誼會成立一段時間後，有位熱心於民主運動的王江泗，原本從事代書工作，個性很衝，任何抗議行動都會去參加。甚至被打得頭破血流也都不怕，後來索性也不做代書工作，轉做「廟公」。有熱心人士免費提供清水觀音亭旁邊的一處房子，王江泗就把它取名「民主運動場」。每週六晚間大家就聚會聊天，曾經找過黨外人士邱義仁、蕭貫譽等來座談。可以說在民進黨還沒成立前，就已進行民主耕耘工作。後來，王江泗不幸過世，「民主運動場」就搬到觀音亭南邊李進水的家。

「民主運動場」運作的過程中發生兩次被警方恐嚇事件，柯西發現在想起來仍是心有餘悸。第一件發生在他加入民進黨大約一年多後，某天晚上6、7個帶著槍的警察，突然闖進他清水的租屋處，指名要搜索柯西發的房間。當時，柯西發人在台北，與他同住的侄子事後描述，警察口氣兇狠，要不是他房間上鎖，房內留有數量龐大的「黨外雜誌」可能被搜走，也不知會有什麼後果？另一件是有位蔡姓記者常會來參加，且會幫忙拍照、紀錄，那時大家覺得有記者來是件光榮的事，沒想到他竟然把資料都送交到警察局。柯西發說：「警察局還打電話到家裡，被我太太接到，太太抱怨好好的印刷不做，是要搞什麼政治？」此事造成家裡小小的風波，太太始終都不大諒解與贊成他參與相關的民主運動。

2007年一路走來的夥伴合影，左起：郭文進、柯西發、邱太三、劉槐獄、蔡基銘。（柯西發提供）

另一件印象深刻的事，則是，當時「民主運動場」都是參加者繳交會費一千元跟小額捐款來支應日常運作，各項會費繳交跟捐款也都有清楚紀錄。有個捐款人大甲鎮鎮代表王正方看到捐款紀錄，發現竟然沒有自己名字，事後查明原來他是託另一位會員轉交，但對方並未把錢捐出來，之後，甚至跑到國民黨陣營去幫忙。這也讓一向嚴以律己、一板一眼的柯西發大為震動，此後在要求自己的同時，也注意、不斷檢視及警醒夥伴與團隊，讓這條走向公義的道路能不偏離初衷。

衝破禁忌　鋸斷國旗

「民主聯誼會」與「民主運動場」的同志，有幾位屬於個性火爆的「衝組」，其中有位人稱「郭爺」的支持者郭文進，曾以鐵工專業將一部貨車改裝成活動「戰車」，他1990年前後，北上中正紀念堂兩次抗議行動，第一次他爬上旗桿，把國旗給扯下來；第二次再去抗議時，郭文進本想如法炮製，不料旗桿上抹了油又綁得比上次還高，大家想爬都爬不上去。柯西發說：「沒想到，郭爺就搭計程車去萬華買能鋸斷不鏽鋼的鋸子，現場4、50人齊喊『一、二！一、二！』的加油聲，旁邊也圍了幾位記者拍照。旗桿快倒時，大家趕快撤到外圍，『砰』的一聲，旗桿應聲倒下。大家不斷地拍手歡呼！」對柯西發來說，威權時代中突破禁忌的特殊手段，也成為一輩子很難抹滅的記憶。

1986年9月28日，民主進步黨正式成立，柯西發第一批就送件，但核發黨證記載的日期卻是台中縣黨部成立的1988年。當時要有300個黨員才能成立縣、市黨部，台中縣一直跨越不了這個門檻，主要原因是緊鄰台中市的大屯區，如大里、太平的黨員都加入到台中市黨部。後來是讓台中縣的黨員都回歸到戶籍地，才順利解決問題。但這也造成一開始就交件的黨員，最後是以台中縣黨部成立的時間作為入黨日期。

選舉新兵　嚴管財務

1989年與1993年兩次的台中縣長選舉，民進黨都推出自美返台的黑名單異議人士楊嘉猷參選。柯西發回憶那次選舉，是去幫忙些庶務工作，並未擔任正式職務。但因他從事印刷業，有一天，他接到楊嘉猷舅舅王秀吉的電話，請他幫忙看一筆10多萬元的印刷費帳單。柯西發針對該筆印刷重新估價，事實上只需3萬多元，也讓他再一次體認到政治、選舉，都要在過程中不斷省視、檢驗。

柯西發經營「禾眾彩色印刷公司」長達30年，2009年才退休，結束營業前與廠內單色印刷機合照留念。（柯西發提供）

柯西發在民進黨台中縣選舉擔任幹部，是在1994年郭俊銘參選省議員時，那時第一次見到利錦祥。當時大家對選舉都沒經驗，柯西發回憶：「郭俊銘清水服務處的房子是陳金城拜託我幫忙找的，老利（利錦祥）本來要我當清水服務處主任。因主任幾乎要全職，擔心會引發太太不快，加上老利信得過我的人品，就改讓我兼職負責財務，出帳等。」柯西發也進一步說道：「那時大家對選舉都沒經驗，只靠省議員選舉名義並不好募款，好在當時搭著陳定南選省長關係，募到了300多萬元。」

開源也要節流，本來插一支旗幟要花120元，當時薪水一個月才一萬多元左右，檢討、溝通後降到60元的合理價格。因柯西發做事認真、負責，嚴格控管各項財務支出，利錦祥常找他去豐原開會，也因此認識更多檯面上的政治人物，參與選舉活動的程度也日益加深。

監票受辱　捐款落幕

1995年，邱太三競選國大代表，直接跟他說：「柯西發，我不用幫你安排什麼，你就是永遠的財務長。錢就是交給你處理就對了！」這也代表著對柯西發能力跟清廉的肯定。這次選舉中，發生一件被國民黨暴力圍攻，柯西發至今憶起仍感觸良深。

柯西發說：「投票日當天，我跟負責文宣的劉子琦去監票，子琦揹著相機載我到投票所。我們人一到，有七、八個穿著李登輝競選總統背心，看來是國民黨民眾服務站的人圍過來，搶了子琦的相機，我們的機車也被推倒。看這態勢，我們立刻報警。警察來了，我立刻說：『警察先生，他們這麼多人要打我們兩個！』沒想到，警察竟然說：『是你們雙方在打架，跟我們警察沒關係！』不過，後來還是鬧到警察局。到了清水分局，對方來的兩位男性、一位女性，我完全不認識，連名字都不知道。那位女性到警局時竟脫到只剩一件內衣，指控我們侮辱她。那時，我很生氣說，投票所現場我只認識國民黨清水民眾服務站主任鄭明鋒，其他的人我完全不認識。怎麼會跑出來一個女人，指控我們侮辱她？」

此時，來聲援我們的幹部也分別趕到，當場嗆聲要鄭明鋒15分鐘內要到，不然去包圍民眾服務站。當場，對方氣焰才略收斂。那天晚上回家後，檢察官又來問一次事情發生始末，做了一次詳細筆錄。此事經過調查後，證明是對方刻意挑釁、栽誣。子琦要求對方要登報道歉，他們不接受。最後和解的條件，是他們當面向我們道歉外，且象徵性賠了5000元。那5000元我們就捐給『信望愛基金會』，整件事情才告落幕。」這件「做賊的人喊抓賊」的事件，則讓柯西發親身體驗到政治的黑暗。

2008年蔡其昌參選立委前夕，輔選成員柯西發參加台北遊行。（柯西發提供）

1998年，民進黨籍的邱太三與郭俊銘同時參選台中縣立法委員，被柯西發形容為「戰國時代」。當時邱太三起步較晚，海線的幹部一開始就到郭俊銘那邊幫忙，像是劉槐獄、郭文進、陳耀藤等人。有天晚上9點多，郭文進來找他，他問郭：「立委一人上，還是兩人上比較好？」郭回說：「當然是兩人。」柯西發就告訴他：「如果你認為是兩人上比較好，那你應該要來邱太三這邊幫忙。我自己也是支持俊銘，但我就是希望兩人都上。」郭文進覺得有道理，便和柯西發一樣去替邱太三助選。邱太三在海線的幹部慢慢組起來，柯西發還推薦蔡基銘去當主任。只是沒想到，開票結果，邱太三順利當選，大家覺得穩當選的郭俊銘，反而以些微的差距最高票落選，留下遺憾。

拾起畫筆　怡然自得

柯西發雖然從黨外時期就投入民主運動，一路參與大大小小的抗爭，及不少選舉輔選。他形容自己因個性低調，外面認識他的人並不多，甚至有國民黨候選人買票買到他家。當時他在家，對方都渾然不知。參與了近幾十年的民主進程，他最推崇的政治人物是邱太三。新人選舉募款是其中最難部份，他看到邱太三努力在栽培、牽成新的民主幼苗，為後輩努力奔走募款，跟他自己從事幾十年的民主運動，只是為了心中那份促進社會改革的理念很相近。近十幾年來，邱太三已淡出地方政治了，但三不五時仍會主動找柯西發聚餐，逢年過節柯也都會收到他寄來的賀禮，讓他對於這份沒有目的性的友誼，心懷感動與感謝。

近年來，柯西發幾乎脫離政治事務。長年從事印刷的他，對於色彩極度敏銳，也對油畫創作有興趣，一有空閒就沉浸在創作的天地，家中牆上佈滿他的畫作，曾任台中市藝術家學會理事長，畫作也曾多次展出。在半輩子為民主付出奉獻後，柯西發在藝術創作裡找到自己怡然自得的天地。

上：柯西發至今仍熱心地方公共事務，關注海線的發展。（洪碧梧攝）
下：柯西發退休生活潛心鑽研油畫，2010年作品「敬畏」入選臺中美展。（柯西發提供）

民主荒漠中的播種者
——林水泉

採訪、撰稿：魏吟冰

從黨外到民進黨，林水泉是大肚、烏日、龍井最賣力的開拓者。
（林水泉提供）

1989年4月3日林水泉參加民進黨在台中市黨部舉辦的演講比賽，獲得第二名。（林水泉提供）

如果說，早些年的台中縣是民主沙漠，那「大肚、烏日、龍井」應該算是「沙漠中的沙漠」。而1954年出生的林水泉，就是在荒漠中那個撒下種籽的播種者！

自1980年許榮淑競選中彰投立委幫忙分發傳單開始，在民主社運抗爭中幾乎無役不與，即使身處民風較為保守的大烏龍地區，他還因成功檢舉賄選而聲名大噪。1992年協助廖永來競選立委時，也因包圍成功嶺而躍上報紙頭版。天生身形瘦弱的林水泉，乍看弱不禁風，卻有著與體形極不相稱的衝鋒陷陣的行動力，他也毫不避諱的說自己就是「衝組」。也因為這股往前衝的傻勁跟行動力，才能在這條民主運動的道路上堅持耕耘了四十年。

林水泉自五專電子科畢業，短暫從事影印機修理工作後，跨入了計算機業務領域，擔任英業達公司代理的「無敵牌」計算機的銷售工作。書局是他最主要的客戶，往返中部四縣市各書局，他發現每一家書局，只要有不認識的客人來，老闆就會叮嚀員工要把「東西」藏好。跟書店老闆相熟後才知道，藏的東西就是「黨外雜誌」。好奇心的驅使下，他也開始閱讀黨外雜誌，一看就停不下來，也才知道國民黨統治下，有著這麼多不公不義之事。1986年許榮淑競選第一屆第五次增額立法委員連任時，他認識了在烏日跟許榮淑有親戚關係的許慶文，開始踏入民主政治運動的不歸路。

一開始，林水泉參與的程度有限，主要是協助發放造勢文宣傳單。由於工作的關係，他白天本來就要四處跑，早上出門就會順便帶著傳單，業務跑到哪，文宣就發到哪，當時他一個月可以賣一百多萬營業額的計算機，三十歲就被升為經理。即使上班時幫忙發選舉傳單，公司也沒有意見，倒是常會有「便衣」在他家站崗，要出門時會問他：「林先生，你今天是不是要到某某地方？」他也總是直接回說：「我要出門做生意，不行嗎？」日常雖然經常上演這種對話，但也都還算相安無事。除了平日幫忙發放文宣外，假日他就跟著許慶文在造勢場合放映黨外的錄影帶，久而久之，對黨外民主運動也更加熱衷。

三位民進黨員　烏日開疆闢土

民主進步黨1986年9月28日在台北圓山飯店宣布成立後，林水泉說：「一開始我就想加入，但不知道要怎麼加入？後來想到曾幫參選過省議員的代書莊欽安修理過影印機，在那年年底就拿著個人資料去找他表達入黨意願。但資料應該是被放了好久，一直到隔年才被通知正式入黨，黨員編號是台中市的330號。」入黨之後，台中市黨部通知去受幹部訓練，之後就成為民進黨第一屆大烏龍地區的幹事。但當時主要還是忙著工作，直到1989年第一屆第六次立委增額選舉為田再庭輔選。

1989年是國會全面改選前，最後一次的增額立法委員選舉，應選席次也較先前大幅提升，台中縣首次成為獨立選區。民進黨提名曾任檢察官、律師的田再庭參選。林水泉說：「那時烏日的民進黨黨員總共才三人，一個是許慶文，一個是我，另一個我忘記名字，只記得他賣便當，常常讓人吃免費的便當，但他很快就搬到台中市區了。」田再庭在烏日需要幹部，林水泉就擔任當競選服務處的總幹事，負責大烏龍地區的競選工作。當時，「連我總共也就三個工作人員，一個是做『土水』的黃錦源，平常他比較閒就負責坐鎮；一個是搭鐵皮屋的李江永，服務處就是租他的房子。大家都是志工，主要工作就是開拓支持者，及申請演講處所等工作。」林水泉故鄉在龍井，六歲前住在龍井南寮，龍井大肚山上四庄都還有不少親戚，大肚山下也有一個叔叔是頂街媽祖廟（萬興宮）的主委，一方面從親戚部份著手；一方面也從工作及社會服務累積，培養認同民主運動理念的支持者。

1989年縣長、立委、省議員三合一選舉，右起：田再庭、張俊宏、黃金島、林水泉、縣長候選人楊嘉猷。（林水泉提供）

民眾日報　14 中部綜合

檢舉賄選獎金申領案再掀風波

烏日分局長張傳忠曾允以「最速件」處理，卻遲遲未寄出申請文件，引發反賄選促進會再度抗爭。

民進黨籍參選人反制賄選

烏日三人要向調查站陳情

1992年《民眾日報》對於林水泉1989年檢舉賄選案件之報導。（林水泉提供）

抓買票　獲獎金二十萬元

協助田再庭選上立委後，林水泉除了工作外，更多時間投入選民服務。當時每逢選舉，買票幾乎是習以為常的事，民進黨台中縣黨部成員蔡百修組成「台中縣反賄選運動促進會」，從梧棲、清水等海線地區做起，一時之間俗稱「抓鬼」的反賄選大隊也蔚為風潮，但真正人贓俱獲被定罪的為數並不多。林水泉在1989年立委選舉時就抓到一件，據他回憶：「有一天，黃錦源跟我說他家後面（烏日鄉九德村）有兩個鄰長在買票，隔了三天，黃說鄰長又在買票了，我們倆還有賴國欽就開車過去，發現鄰長他們一個人拿著傳單、一個人拿著包包，從一戶人家中走出又進入另一戶。

我們不想打草驚蛇，先在對面觀察了一陣子後，等他們進去第三家時才衝進去抓。一進去，就拿起相機拍照，拍到他們一個拿著廖了以（競選縣長）跟郭榮振（競選省議員）的選舉傳單，一個從包包拿錢交給那戶人家。我們立刻大喊：『買票！買票！趕快把錢退回去，不然到時你會有事喔！』接著，就把買票的兩人，抓到分局製作筆錄後，再等檢察官來完成相關程序。」

當時檢舉賄選成功一件有二十萬元獎金，林水泉萬萬沒想到這獎金一等就從1989年12月等到1992年7月。兩年多來，烏日分局以申領資料遺失等離譜理由拖延，期間林水泉自己也曾上烏日警分局「翻桌」，搞到烏日警分局局長被調職，之後換來張傳忠局長，又抗爭了幾次後才終於領到。

二十萬元獎金拿到後，最早發現買票的黃錦源，因為當時到了分局，怕惹事上身沒報上名字，獎金便由林水泉、賴國欽兩人均分。但林水泉特別還拿了兩萬元給黃錦源，也請所有的幹部去吃了一頓。這件反賄選事件還上了媒體，被報紙稱之為「遲來的獎金」。之後，林水泉還抓了好幾次買票，但「選罷法」因顧及人權修法，抓到賄選案件必須通報等檢察官到現場才能做相關處置。對此，林水泉說：「有些檢察官就是故意拖很久，或等到檢察官從市區來，常常都一個多小時以後了，買票的人早就跑走了。」以他多年反賄選的觀察，近十年來已經很少對選民直接買票，而是改採「地下化」的方式，拿一筆錢讓樁腳自行運用處理。

1989年田再庭選上台中縣立委後，因忙於立法院事務，疏於在地方走動。而1989年參選台中縣省議員，以最高票落選的廖永來則開始籌劃佈局1992年立委選舉。林水泉回憶：「離1992年立委選舉半年多以上的時間，廖永來就經常來找我聊，每個月來好幾次，過程中大家愈來愈熟。選舉時，我很自然就幫忙廖永來，無法幫忙田再庭了。」開票結果，廖永來當選，田再庭落選，當然引來田再庭的不滿，常對林水泉說：「你跟著他們會被帶壞！」面對這種情況，林水泉也只能說抱歉。最讓他尷尬的是，之後他跟田再庭同時當選兩屆全國黨代表，開會時就坐在隔壁，田再庭不時會提起1992年的立委選舉，身為晚輩他也只能聽訓，如坐針氈。

包圍成功嶺　廖永來當選立委

廖永來1992年首次參選立法委員，林水泉已經自行開業販售「卡西歐」計算機，能投入輔選的時間更多了，也處理更多的選舉事務與選民服務。選前兩、三週左右，烏日學田路、成功東路的競選旗幟，一夕之間都不見了。正巧，宣傳車司機家裡養豬，每天都會到成功嶺收廚餘，經過成功嶺八號門時，驚見門後有大捆大捆的廖永來競選旗幟，趕緊通報林水泉。林水泉為保全證據請司機拍照存證，以免之後軍方賴帳。

隨後，林水泉立刻通報競選總幹事陳鴻榮，陳鴻榮當機立斷，下達包圍成功嶺的指示。他將三輛宣傳車調回來，直衝成功嶺大門，廖永來與彰化的翁金珠不久也趕到，在場跟軍方表達最嚴正的抗議。事件隔天上了報紙的頭條，再經過一天，本土派報紙《民眾日報》、《台灣時報》兩報的第二版用了整版的篇幅報導分析此一事件。林水泉說：「原本已經快要見底的競選經費，因為包圍成功嶺吸引大量捐款，隔天就有一百多萬捐了進來，之後總共收到三百多萬的捐款。原本擔心經費不足的問題竟也因此而解決。」選戰也因此一抗爭衝突拉高氣勢，最終打贏了這場選舉。

1992年廖永來競選立委，旗幟遭軍方偷偷撤掉，林水泉發動包圍成功嶺大門。（林水泉提供）

成功嶺包圍事件現場，右一為林水泉、右二為廖永來、左一為前豐原市長陳欽隆、左二為當時自彰化趕來聲援的翁金珠。（林水泉提供）

參與這麼多次選舉，最讓林水泉覺得可惜的是1994年的省議員選舉，原都屬新潮流系的郭俊銘與陳鴻榮都準備參選。林水泉憶及當年：「我在內部開會也有提出是否要採聯合競選，但最後新系核心評估沒有兩席全上的空間，陳鴻榮就退出新潮流獨立參選。開票的結果把大家嚇了一跳，郭俊銘衝到98,578票當選，陳鴻榮以58,169票落選。那屆的當選尾是顏清標，他以72,150票當選。那時如果郭、陳聯合競選，也許今天就沒有冬瓜標的勢力在台中地區囂張了。」

林水泉提到那次選舉，一再表達扼腕之意。情況雖不盡相同，但1998年立委選舉卻又重演了相似的結局。那屆台中縣新潮流推出郭俊銘、邱太三聯合競選，擔心重演郭俊銘九萬八千多票衝太高，造成遺珠之憾。林水泉說：「郭俊銘不僅在拜訪時私下請大家支持邱太三，更在大烏龍及霧峰區的幹部會議上正式宣布，這幾區全力支持邱太三。之後，我跟烏日五光里里長就私下對郭俊銘說，你這樣會害死你自己，郭只跟他說：『我們做人心胸要開闊一點，把票分出去，這樣兩席都能當選。』沒想到，票開出來卻只有邱太三當選、郭俊銘落選，郭後來謝票時也都被我們唸了一頓。」

美好的一仗　我們打過了

很多人覺得大肚、烏日、龍井是民進黨的艱困選區，對此，林水泉倒不這麼悲觀。他家所在的溪壩村（現改為溪壩里）有兩大票源，其中一個是支持國民黨的農會傳統票桶，另外一個票源是林水泉自1989年立委選舉以來，在地方苦心經營溪壩村里的第二個投票所，他很自豪地說，從那時開始，民進黨從沒輸過。當時直接加入民進黨的人不多，但平日服務地方，幫忙爭取建設，到了選舉出錢出力的並不少，像是廣亮慈善會理事林德榮、五光里里長林榮源、全國砂石總公會前總幹事吳宗勳、鴻源診所院長陳鄭添瑞等都會站出來支持綠營。「說個笑話，我參選兩次烏日鄉民代表，雖然都沒當選，但兩次都賺錢，大家共樂捐了五十幾萬，我開銷也不多，最後都還能省一點錢下來。」對林水泉來說，做好社會服務就是開拓票源的最好方式。

林水泉現在已經退休，對於政治與選舉，他覺得都該交棒給下一代了。「老班仔」固定都還會聚會，廖永來、郭俊銘逢年過節也都會來找他聊天。看到今天台灣政治民主的成果，他覺得打過美好的一仗，都值得了！

廖縣長與林水泉全家福

水泉兄十年來為民主打拼，在烏日鄉土生土長從早期田再庭、廖永來、郭俊銘、邱太三到去年縣長選舉，接下人人燙手迴避競選總幹事、犧牲奉獻、十年來永來和水泉兄踏遍烏日鄉每一個角落，傾聽村民的心聲，受理過無數的陳情案件，如中華路工程受益費徵收案，經水泉兄抗爭，己免徵收，由此可見水泉兄是一個專才、有熱誠、敢說肯做，最適當來擔任咱烏日鄉、鄉民代表。

國代　邱太三

水泉兄在我參選國代，擔任競選總幹事，陪我走訪基層，對於他對鄉民的情感，愛鄉、憂民、服務人群的熱誠，感同身受法律出身的我己看出水泉兄是一個問政專才，為民謀福最好的鄉代人選。

立委　洪奇昌

在台北街頭，在立法院遇到林水泉總是站在第一線，為民主、為自由奮鬥、不退縮，是一個最好的基層工作者，奇昌特別推薦水泉兄是最好的鄉民代表人選。

省議員　郭俊銘

我參選省議員的時候，還不認識林水泉，為了民進黨，為了台灣要更好，他擔任我烏日區競選總幹事，讓我在烏日鄉得到最高票，林水泉是烏日鄉民代表最好的人選。

⑩ 林水泉 懇請賜票

政見

☆增設第三國中，獲廖縣長承諾，並命名光德國中。
☆爭取老弱、殘障、孤貧之福利。
☆配合公所、縣府爭取建設經費，促進烏日繁榮。
☆維護學童安全，成立愛心媽媽、愛心義警。
☆爭取設立社區公園。
☆爭取烏日河川整治、爭取河濱親水公園。
☆建議完成社區警民聯防、杜絕治安敗壞。
☆爭取烏日外環道路，解決塞車問題。
☆打通長春街往烏日橋樑及道路。
☆爭取公益社團福利及經費。
☆尊重女性，不分黨派服務，打破派系。
☆爭取學產地租金降低強力要求省教育廳放領。
☆推動關心單親家庭學生，輔導輟學生成立技藝班。
☆爭取被高速鐵路及公共工程被徵收地主最大權益。

上：1990年林水泉（前排左三）參加民進黨台中市黨部幹部訓練。（林水泉提供）
下：林水泉第二次競選烏日鄉鄉民代表所製作的文宣。（林水泉提供）

用認真和堅持 拚出一生精彩
——黃世殿

採訪、撰稿：林純美

大屯區民主聯誼會運作三十幾年，黃世殿一直是靈魂人物。（黃世殿提供）

民進黨台中縣黨部成立之初，認真協助黨部「基層組訓、草根組織」工作，黃世殿擔任講師。（黃世殿提供）

1987年7月15日，時任中華民國總統蔣經國宣佈解除戒嚴。自1949年5月20日實施戒嚴開始，台灣人民在戒嚴的威權統治下，足足生活了38年56天。

三天後7月18日，那天艷陽高照。上午10點，在台中縣太平市太平路大市餐廳二樓，聚集了180多個人，空氣中瀰漫著興奮與緊張。興奮是因為即將來臨的盛會，不安來自於樓下十來個理平頭的不速之客，還有，那個穿著便服，大剌剌坐在門口椅子上的派出所所長，全神貫注，盯著每一個進出的人，像抓逃犯似的。

全台灣第一個民進黨次團體誕生

當主持人林富源宣佈「大屯區民主聯誼會」會員大會正式開始，主席致詞，二二八事件擔任台中民軍二七部隊警備隊長、坐過24年政治牢的主席黃金島站起來，拿起麥克風時，坐在一旁的黃世殿，望著會場上飄揚的民進黨黨旗與聯誼會會旗，喉頭一緊，眼前一片模糊：「終於等到這一天了！」

當天會議行禮如儀，會後席開20桌，到下午3點半才結束。台中市知名的黨外人士包括立委許榮淑及吳哲朗、賴茂州、何春木、劉文雄，還有張深鑐醫師都到了。打著「政治要民主、社會要進步」的口號，全台灣第一個民進黨次團體「大屯區民主聯誼會」順利誕生。兩個多月後，9月20日，民進黨台中市黨部成立。隔年1988年3月26日，台中縣黨部成立。聯誼會會員總驕傲地說：「我們比黨部還早成立哦！」

成立大會選出9名理事：黃金島、林清煇、許明恩、劉春明、石文傑、林武志、張維寬、林富源、曾碧桐。3名監事：白添旺、張建坤、賴德城。由黃金島擔任理事長，白添旺擔任常務監事，黃世殿擔任執行秘書，當時他31歲。

1987年7月18日台中縣大屯區民主聯誼會成立。前排左起：田再庭、黃金島、張深鑐、林朝堂；中排左起：張建坤、林富源、許明恩、白添旺、林清煇、黃世殿；後排左起：曾碧桐、賴德城、劉春明、張維寬、林武志。（黃世殿提供）

如果說「大屯區民主聯誼會」是黃世殿一手創立，絕不為過。會名是他取的，章程、組織架構是他草擬的，那支雙手捧著民進黨徽的會旗，是黃世殿設計的，會員也幾乎是黃世殿及幾位理監事招募的。

家庭變故　人生提早成長

黃世殿，1955年出生於雲林縣東勢鄉同安村，祖先世代務農為生。黃世殿6歲時因生活困苦，父母賣了老家微薄的田產，舉家遷往台東縣東河鄉興昌村，買了六甲山坡地種植甘藷、樹薯、甘蔗、洛神花為生。父母生了三個孩子，黃世殿是最小的么兒。

由於父親常年在外不顧家，農事全落在母親及兩個哥哥身上。家境貧困，兩個哥哥都僅國小畢業，但期待最小的弟弟黃世殿能讀大學。他讀省立台東高中，不料，高一時，大哥因車禍身亡，同時中斷他的大學之路。黃世殿常說：「貧窮的家庭是父母留給我最大的資產。」家庭變故，讓家中唯一識字較多的他提早承擔責任。每每遇到事情，母親總會問他：「這件代誌，你的想法安怎？」逼使他比別人想得更多更遠，比同儕更早熟。

黃世殿當的是國民兵，一星期就退伍，比同梯次提早兩、三年踏入社會。退伍後因同學介紹，遠離家鄉來到台中一家機械五金行當外務，黃世殿沒有想到，自己從此與台中結下不解之緣，他在此成家立業、參與政治成了黨外人士，影響了他的一生。

1978年，賴茂州以黨外人士身分參選台中市東南區議員，競選總部設在大智路跟復興路口，剛好在黃世殿公司附近。當時沒什麼人敢替黨外人士助選。羅漢腳的黃世殿，每天下班總會走進競選總部看看宣傳品，跟裡面的人聊聊，一回生二回熟，黃世殿認為，選區內很多小型工廠，頭家攏是黑手仔，大膽建議賴茂州用「黑手仔代言人」為宣傳口號，深獲賴茂州的心。雖然最後落選，兩人從此建立深厚交情，成為民主運動及事業上無話不談的良師益友。

美麗島大審覺醒的一代

1979年黨外運動風起雲湧，美麗島雜誌社台中分社設在台中南門橋邊，剛好就在他公司附近，每天來來去去總要經過好幾次。高中時期他就在書店讀了不少柏楊的禁書，很自然就走進雜誌社，第一次接觸到所謂的黨外雜誌《美麗島》，也因此認識了報社出身的雜誌社主任吳哲朗，及負責攝影、日後擔任第一屆民進黨台中市黨部主委的陳博文，還有在台電上班的謝松本。

當年底爆發了震驚全國的「美麗島事件」，印著施明德照片的懸賞通緝犯傳單，貼滿電線桿。大逮捕之後，社會人心惶惶。接著上場的軍法大審，因受到美國的壓力，媒體大篇幅報導，看著各報整版的審判過程，24歲的黃世殿懷疑得越多，對民主的認同越高，終於也成為「美麗島大審覺醒的一代」。這一條民主改革的坎坷路，他回不去了。

美麗島事件之後，1980年張俊宏的妻子許榮淑投入選區包括台中縣市、彰化、南投第一屆第三次增額立法委員選舉，鬱卒很久的黨外夥伴奮力助選，黃世殿負責組織工作，竟然高票當選。許榮淑成為中部地區第一位黨外中央公職，選後由賴茂州擔任服務處主任。

從1980年、1983年、1986年三次立委補選，許榮淑屢戰屢勝，甚至拿下全國第一高票，聲名大噪，被稱「黨外鐵娘子」。這十年也是黃世殿的黨外十年，他加入民進黨，是台中縣黨部的創黨黨員，每逢選舉黃世殿無役不與，負責的組織工作更益精進，深受夥伴們肯定。

立委許榮淑（手持麥克風者）到大屯區民主聯誼會，由黃世殿（手持喇叭者）主持開幕茶會。（黃世殿提供）

1987年，民進黨推動「國會全面改選」，舉辦一百多場說明會，在全台灣如火如荼地展開，甫成立的台中市黨部也全面動員，在各鄉鎮區舉辦說明會，大屯區民主聯誼會也在太平國小操場舉辦一場「國會全面改選說明會」。1988年，大屯區民主聯誼會加入「民主聖火長跑」，從省議會出發繞整個屯區包括太平、大里、霧峰，讓「還權於民」的聖火繼續傳遞。

黃信介心中掌社運部的不二人選

1988年10月，黃信介競選民進黨第三屆黨主席，成功挑戰連任的姚嘉文（當時，民進黨主席一任一年，是間接選舉，由31位中央執行委員產生）。這一役讓地方型的黃世殿，與民進黨中央高層有了連結。在張俊宏的推薦下，黃世殿參與操盤，一戰功成。黃世殿也成為黨主席黃信介心中，中央黨部社運部主任的不二人選。由於必須到台北工作，考量到事業及家庭的因素，黃世殿婉拒了信介仙的邀請。

1988年6月，黃世殿主導籌劃由立委許榮淑擔任會長的「台灣人公共事務會台灣總會」（簡稱FAPA），在台北成立，成員大多以民進黨公職、黨職為主。兩年後，黃世殿也一手推動FAPA台中分會，擔任副會長兼執行長，將他的組織長才，發揮到極致，深受黨主席黃信介及秘書長張俊宏賞識。在兩人的推薦下，1989年初，黃世殿前往美國參加由在美台灣人組成的「台灣人公共事務會」，接受為期一個月的民主講習班，與十多位同樣來自全台各地的同志，共同學習與成長。班主任許信良也陪學員足足一整個月，讓黃世殿深刻體認台灣前途應由台灣全體住民決定的共同意願，以及結合海內外力量，推動台灣人國民外交的重要。台灣一定要走向政黨政治，這是他一趟美國民主之旅的結論。

1989年民進黨提名許榮淑為台中市長候選人，楊嘉猷為台中縣長候選人，周清玉（姚嘉文的妻子）為彰化縣長候選人。賴茂州與黃世殿分別擔任許榮淑的競選正副總幹事，林豐喜則挑起楊嘉猷的競選總幹事重擔。經過討論，決定結合無黨籍的南投縣長候選人陳啟吉，四人組成聯合陣線，打出「聖戰四傑，拿下關中」的口號，所謂「拿下關中」，一來是指中部四縣市，二來，是衝著當時為國民黨操盤的該黨副秘書長關中而來。

此役，四候選人中，雖僅有周清玉當選彰化縣長，但許榮淑、楊嘉猷、陳啟吉雖敗猶榮。且這歷史一戰，鼓舞了所有長久在基層經營的民進黨幹部。賴茂州、黃世殿、林豐喜等人，首次挑大樑對抗國民黨打一對一的選戰，沒有中央奧援，地方獨立作戰，戰況激烈，得票超過預期。

1989年2月6日黃世殿（後排左三）赴美參加FAPA民主講習班研習。（黃世殿提供）

許信良口中的民主逃兵　經營企業的長才

從1978年幫賴茂州助選，到1990年成立FAPA台中市分會。黃世殿積極參與政治的12年中，個人也有了重大改變，他成了家，成為一子一女的「好」爸爸。也立了業，從1980年25歲的黃世殿自己創業，在台中市北區開了第一家機械五金行，一直到今天，黃世殿都是自己當老闆，再也不曾呷別人欶頭路，做薪勞。剛開始公司只有三人，太太帶小孩兼會計，黃世殿校長兼撞鐘，日子雖然忙碌，卻充滿希望與幹勁。

黃世殿是經營企業長才。公司1990年開始做外銷，經常要出國到香港、中國大陸、越南、泰國、印尼、馬來西亞，業務蒸蒸日上。黃世殿面臨人生的重大抉擇，眼看民主運動漸成氣候，他毅然選擇棄政從商，向信介仙請求：「如果無能成全大我，請容許成全小我，放我去做生意。」秘書長張俊宏這樣回他：「任你生意做得多大，也比不上政治那麼大！」就這樣，黃世殿當了許信良口中的

「民主逃兵」。

全力打拚事業的黃世殿，在1991年開始拓展國際貿易業務，分別在香港、越南成立公司。企業版圖越來越大，但人常在國外的他，每逢選舉，他總是提前返台為民進黨拉票兼投票。2008年5月馬英九上台，政策越來越傾中，黃世殿決定結束在中國的產業，將重心移往越南，至2012年在越南設立5家工廠，並成立一家資訊公司，做資訊安全的維護，由長子負責。因為超前部署，讓他平安從「世界工廠」中國成功撤出。

2019年黃世殿將越南廠中一個單位移轉回台灣，在鹿港設廠，目前已經在生產了。企業集團總管理處二十餘年來，則始終設在彰化溪湖。黃世殿已經升格當四個孫子的阿公，現在他大多數的時間都在台灣。

說到政治，黃世殿終究還是沒能忘情。2012年8月主辦大屯區民主聯誼會25週年慶，邀請蔡英文蒞臨，宣佈成立「太平區小英之友會」。另組織工商後援會輔選。2013年12月成立小英之友會太平分會，落實草根組織，會員近兩千人。2014年、2018年兩度投入輔選林佳龍選市長及連任之役。2019年全力投入輔選蔡英文連任總統，他擔任台中市小英之友會總會理事，兼太平分會會長，集合大屯區民主聯誼會、太平分會成立41個挺小英後援會，每一會成員至少五十人以上。身為台中市競選總部後援會副總會長，他深信「組織才是發揮影響力的關鍵」。目前他也是行政院政務顧問。

將一生的努力　化為民主台灣的養分

對於台灣未來，今年將滿65歲的黃世殿，他說：「台灣值得我終生為她奮鬥。」認為2024年本土政權必須要延續。他提出「8加

8」的概念。2024年新一任的總統上台，延續蔡英文的執政，接棒一定要接好，萬一掉棒，這8年又重來一次。期待以台灣為優先的本土政黨能繼續執政，台灣始能長治久安、國強民富。

黃世殿，一個出身於貧困家庭，沒有機會上大學的偏鄉孩子，一個「美麗島大審覺醒世代」，在威權統治的戒嚴時期，年紀輕輕即一手推動全台灣第一個支持民進黨的次團體，帶領一百八十位來自基層、深具草莽性格的會員，深得人心。三十餘年，依然發揮強大的影響力；從黨外時期，到民進黨成立，他運籌帷幄，深受黃信介、張俊宏、許榮淑的倚重；棄政從商之後，西進南向，事業有成，是成功的台商。身處異鄉，依然關注台灣的民主發展，出錢出力，不遺餘力。在台灣邁向民主進程初期，他深耕台中縣市，經營基層。晚年，更將一生的組織人脈，化為民主台灣的養分。黃世殿用認真和堅持，改變了自己和命運，證明人生沒有等出來的輝煌，只有拚出來的精彩！

為抗議國民黨阻撓民進黨主張教育預算回歸憲法，1987年11月大屯區民主聯誼會至國民黨黨鞭李勝峯委員台南東山服務處抗議。（黃世殿提供）

衝撞黨國教育的革命教師
——王洲明

採訪、撰稿：陳彥斌

1997年，王洲明（左）與父親（右）合力檢舉台中縣長候選人郭榮振贈送禮盒賄選。（王洲明提供）

1989年9月22日王洲明（右揹書包者）、林豐喜（右五）、蔡百修（右七）等人去救國團前，抗議救國團強迫國、高中職訂購《中堅月刊》。（林純美提供）

書法習帖「鄭南榕是建國烈士」

昔日黨國體制下，台灣教育長年來是封建的銅牆鐵壁。但1990年代，台中出了一位勇敢、努力衝撞黨國教育的小學教師王洲明，讓當年教育單位與梧棲永寧國小校長傷透腦筋。三天兩頭喧騰報端，也吸引社會注意。凸顯除了政治外，教育恐怕更是台灣急需迫切改革的重大課題。

在學校教書法的王洲明，在1989年鄭南榕自焚殉道，1991年陳婉真創立台灣建國組織後，他給學生臨帖的書法字是「鄭南榕是建國烈士，焚而不燬」、「陳婉真是當代女傑，建國先鋒」。學生的優秀作品，他挑出來在學校佈告欄張貼，把意識形態對立的老師氣得牙癢癢，卻莫可奈何！

有學生家長到學校抗議，王洲明老師勇敢面對。他說：「我是書法老師，我研究這些文字筆劃，是學習書法的好字體，家長要相信專家。」在選舉期間，則要學生習帖「選舉買票，當選貪污，抓賄致富」，給學生「反賄選」教育。

王洲明老師同時教社會科，他考試試題都會有時事測驗，如：「立委選舉花一億元當選，三年任期每天要賺多少錢才回本？」、「國民黨、民進黨、勞動黨、青年黨中，哪個政黨選舉買票最嚴重？」郝柏村任行政院長時，他出題：「憲法規定何種人不能當行政院長，是軍人？農人？教師？礦工？」

他試題也出了：「台灣政府將中國六四天安門事件的抗議學生，稱為反革命份子？暴民？有心份子？英雄？」然後接著下一題：「台灣政府對台灣520事件的抗議農民，稱為反革命份子？暴民？有心份子？英雄？」讓學生學習省思。

中華民國八十一年十月二十九日 星期四 | 自立晚報

月考考題有問題？

中縣立委中，那位涉嫌關說18標？
候選人花二億元買票當選，平均每天貪污多少錢才賺得回來？

王洲明大膽出題 中縣教育局揚

【記者陳彥斌中縣報導】台中縣梧棲鎮永寧國小教師王洲明，因在該校日前的月考中，出了部分有政治意味的時事新聞題目，被台中縣教育局認為有「不妥」之嫌，刻正接受督學了解中，是否將因此而受處分，業已引起民進黨人士與教育界的關切。

民進黨籍的王洲明老師，在五年級社會科卅五則選擇題中，有爭議性的題目如下：

——台中縣籍的立委中，那位涉嫌關說十八標（①劉松藩②李子駿③田再庭④吳耀寬）。

——立委候選人若花二億元買票當選，任期三年內不計利息，每天平均貪污多少錢才能賺回老本（①廿元②二百元③二千元④二萬元⑤廿萬元）。

——立委一任三年，按規定今年應選第幾屆立法委員？（①一②二③五④六⑤廿七）屆。

——接上題，但今年卻還在選第幾屆？（①一②二③五④六⑤廿七）屆。

——今年十月四日在台北的大遊行，它的訴求目標是（①統一中國②一中一台③反共抗俄④反清復明⑤土地改革）。

——國際上都稱呼我國是（①中華民國②中華台北③台澎金馬④台灣⑤復興基地）最多。

——目前新聞最紅人物王建煊，是（①歌星②演員③外交部長④教育部長⑤財政部長）。

——亞洲最後一個與我們斷交的國家是（①蘇聯②日本③韓國④緬甸⑤印度），台灣一直強調中華民國的後果是淪為亞洲的「孤兒」。

台中縣教育局認為上述考題頗有偏離教材之嫌，且認為這些題目預設政治立場，是否適宜小學生作答？值得商榷，所以近日正派督學前往了解，並表示不排除要施予處分。

不過，聲稱「歡迎調查」的王洲明表示，出這種活潑性的時事題目，是為了讓學生有更寬廣的思考空間，他並以此次受測

王洲明側寫

杏壇奇葩 別無分號

命題敏感是教育局最頭痛人物
考題活潑，80年度受公開表揚

經常向傳統制式教育挑戰的王洲明，此番又因命題而引發爭議，其實，大家若知道也在學校授課書法的王洲明，還曾以「鄭南榕是建國烈士，焚而不燬」、「陳婉真是當代女傑、建國先鋒」等字句讓學生習帖，對他此次的「敏感性」命題也就不以為奇了。

三年前曾代表民進黨參選教育團體立委的王洲明，近幾年因屢次對現行教育體制展開抗爭，在地方上已累積了相當高的知名度，他同時被公認是台中縣教育局最頭痛的人物。

每次為學生考試命題，總會在社會科考卷上出幾道時事新聞題目的王洲明，曾出過具高度爭議性的題目還包括：

——您認為哪一黨候選人「違法買票」較嚴重（①民進黨②國民黨③工黨④勞動黨⑤青年黨）。

——憲法規定軍人不可當行政院長，但郝柏村卻是（①工人②農人③軍人④教師⑤礦工）出身。

——黃華、陳婉真被捕入獄是因為（①殺警察②綁票勒索③無故縱火④主張台灣獨立⑤走私偷渡販賣毒品）。

——台灣政府對「六四天安門事件」的抗議學生稱為（①反革命份子②暴民③有心份子④英雄）。

——接上題，但對「五二〇事件」的抗爭農民稱為「①反革命份子②暴民③社會菁英④英雄）。

而同時也在學校授課書法的王洲明，還曾以「選舉買票、

1992年10月29日《自立晚報》報導，教師王洲明常出社會科時事考題，衝撞黨國教育體制，引發軒然大波。（王洲明提供）

蔣介石銅像　屢被學生砸破

王洲明上社會課，難免講到時事新聞，也不免會提到政治人物。他對蔣介石的評價，是「被共產黨趕到台灣的總統」、「被中國人趕出大陸的政客」，來台灣「實施全世界最長戒嚴」、「整肅異己的獨裁者」、「他領導的國民黨，要為血腥二二八負責」……等。結果，永寧國小的蔣介石銅像，三天兩頭就被學生用石頭砸壞。

銅像因是用FRP（玻璃纖維強化塑膠）材質，所以學生很容易砸破，學校修不勝修，乾脆將銅像拆下來。但沒有銅像的水泥基座越看越奇怪，索性也全部打掉，只剩一座小公園。有次，一位記者到該校採訪，發現這學校是當年全國唯一沒有銅像的小學，在報上撰寫一篇報導，馬上又掀起軒然大波。

王洲明在教育界的「特立獨行」，經媒體一再報導，搞得當時永寧國小校長黃金柱身心俱疲，還曾在學校心臟病發，每學期都請調他校。但「王洲明」這位麻煩教師已名聞遐邇，沒有校長願意和他對調。撐了六年多，民進黨籍的廖永來任台中縣長（任期1997-2001）時，才派教育局督學陳浪勇兼任校長，黃金柱終於結束如坐針氈的日子。

王洲明在教學中勇於衝撞教育封建文化，但教育單位一直拿他沒辦法，原因是他教學非常認真，且廣受學生喜愛，所以考績年年甲等。他授課的永寧國小，是他生長的故鄉梧棲鴨母寮，學生、家長都是同村熟識的鄉親。他說：「我家世代清白，生活單純，謹守本份，也不曾和人吵架，所以鄉親基本上相信、接受我這位同庄教師。」

王洲明的行徑，當然也引來特務單位的關切，不僅曾至學校，也曾至他住家「拜訪」。但是王洲明都不為所動，自認做事光明磊落，坦然面對，有時還和調查員理論。他的住家是郊區單戶，沒有左鄰右舍，卻常有陌生車輛停在路邊，擺明對著他家監視。王洲明總客氣、主動向車內人士打招呼，讓情治人員反而心虛。

提高改革能量　加入民進黨

不過，衝撞僵化教育體制，也曾招來群眾抗議。那是他檢舉母校梧棲國中能力分班，結果引來一百多位家長，成群結隊到他家抗議、對著他家人吆喝、斥罵。王洲明打電話報警，但來處理的清水分局警員竟擺明看熱鬧，不舉牌警告、不命令解散、不強制驅離。王洲明因而向縣府、議會、縣警局陳情、抗議。但這些改革的反制行動，並沒有嚇退王洲明。

王洲明，1958年生，生長貧苦農家，1973年梧棲國中畢業，同時考上台中一中、台中師專。因家中經濟困頓，選擇免費的師專就讀。畢業、役畢後，即在故鄉永寧國小授課。

王洲明興起衝撞教育體制的念頭，是初到永寧國小時，發現學校的廁所每一扇門幾乎都壞掉，女廁的更嚴重，有九成不能鎖，甚至不能關，導致有些學生常要憋尿一整天，放學回家才能解決。他召開記者會抨擊，果然引來學校的重視。

接著，他又揭發學校地下室積水，下雨天有溺斃學生之虞。也揭發學校飲水機，雖然每條走廊都有裝設，共有20台，竟然一台都不能使用。學校光怪陸離現象，在他訴諸報端下一一現形。其實，學校積弊沉痾，不只永寧國小獨有，所以他的抨擊，對當時台中縣所有中、小學，都有震撼作用，進而影響全台學校。

因檢舉能力分班，王洲明（紅衣者）住家遭學生家長包圍，報警後警察竟不處理。（王洲明提供）

在學校單打獨鬥，所以民進黨一成立，他馬上申請入黨。為了擴大影響面，他也曾被民進黨提名參加當時的教育團體立委選舉。1990年初的選舉環境，仍然是國民黨一黨獨大局面，教育團體更不用說。王洲明的參選，與其說要當選，不如說是利用熱熱鬧鬧的選舉，訴說他改革教育的理念。

與蔡百修一文一武　反賄選成功

1989年台中縣長選舉，爆發了一起轟動全國的賄選案。國民黨梧棲服務站主任林永遠、梧棲鎮長王瑞宏、梧棲代表會副主席薛再傳，及里長林英聲和鄰長組成的賄選結構，涉嫌為國民黨提名的廖了以賄選，一干人因罪證確鑿，被檢察官呂太郎提起公訴。判決結果，除了王瑞宏以外，都判有罪定讞。

王洲明（右二）與蔡百修（左二）及國大代表周家齊（揹彩帶者）等人在廟宇宣導「反賄選救台灣」。（陳世宗提供）

因選舉買票在台灣已風行多年，簡直是公開祕密，當時流行話語是「選舉無師父，用錢買就有」，雖說法院持續在推動反賄選，但候選人大多不當一回事。台中縣紅、黑派更是猖狂，每次選舉猶如「買票比賽」，誰買的價錢高、誰買得較徹底，幾乎就是當選保證。所以，梧棲爆發的賄選案雖有媒體報導，但一般咸認也是「雷聲大，雨點小」，不了了之。

但具名檢舉這起賄選案的，是當時民進黨台中縣黨部代理主委蔡百修，他以慓悍、敢衝聞名，以往的賄選檢舉者或因鄉愿，或因駭懼被報復，大多掩掩遮遮，未敢具名。蔡百修是少見公開站出來檢舉，並召開記者會接受媒體採訪的檢舉人。而呂太郎檢察官則鐵面無私，應該是國民黨來台後，第一位搜索國民黨縣黨部的檢察官，所以偵辦過程轟轟烈烈，高潮迭起，為台灣反賄選立起正向里程碑。

反賄選讓蔡百修聲名大噪，被稱「抓鬼大王」，除了獲20萬元反賄選獎金外，還四處去教如何「抓賄選」，後來還被法務部邀拍「反賄選」影片宣傳廣告。蔡百修也成立「反賄選促進會」，執行秘書由王洲明擔當。王老師熟讀反賄選法條，文書作業也都由他操刀，再由蔡百修衝鋒陷陣，兩人一文一武，把這起反賄選搞得沸沸揚揚。

有感賄選是台灣選舉的最大弊端，王洲明認真投入「反賄選」改革。每到選舉，到處鼓勵抓買票，教大家如何佈線？如何蒐證？如何舉發？他也有感抓賄選最大難關是「檢舉人」難產，畢竟要抓的行賄者或受賄者，不是親戚，就是左鄰右舍，沒有幾人願意或敢於具名檢舉。

王洲明為了克服「檢舉人」的心理障礙，他發明一套突破辦法，就是檢舉人由特定人士具名，抓賄者只專心佈線、蒐證。過程中他會技術指導。抓賄成功了，獎金由具名者與實際抓賄者平分。目前反賄選獎金節節升高，總統候選人1500萬元、立委及直轄市長候選人1000萬元，縣市長及直轄市議員500萬元，里長50萬元。

舉發郭榮振賄選　退休專研反賄選

王洲明自己成功抓賄選，是1997年郭榮振參選台中縣長。教師節時郭榮振贈送全縣所有教師皮帶禮盒，每盒內部都附他的名片，用卡車分送各學校。中秋節則送絲巾禮盒給青商會，美其名是用於抽獎，但卻「人人有獎」。王洲明自己具名檢舉青商會部分，教師部分他則請父親王敏色「抓他」去台中地檢署舉發。

王洲明父親原本不肯，擔心兒子被行賄罪名若成立，恐怕連教師資格都不保。但王洲明「曉以大義」，並告訴父親「受賄」罪名若成立，頂多也僅判緩刑，不會影響教師資格，這齣「父親抓兒子受賄」戲碼才正式展開。當時頗為轟動，把台中地檢署檢察官弄得啼笑皆非。

這起反賄選官司進行雖有曲折，但郭榮振終究被判有罪定讞。

2003年，王洲明雖僅45歲，可是教師年資已達25年，依法可退休。為了深化「反賄選」論述，他考取東海大學政治研究所，並以「台灣反賄選」為主題撰寫論文並取得碩士。這篇論文全文舉證的賄選案例，時間、人名、地方都是真實呈現，與一般論文總部份掩遮不同，發表後還得到雷震基金會獎金，成為台灣反賄選研究的重要依據。

王洲明談起台灣重大賄選案件，如數家珍。（廖家瑞攝）

選監小組召集人　淨化台中選風

王洲明從1990年起，就代表民進黨台中縣黨部出任縣選委會委員，他第一次出席，就提出「表揚蔡百修反賄選成功」，讓選委會尷尬莫名。因為蔡百修檢舉的賄選候選人是廖了以，而廖了以當選縣長後，是縣選委會主委，當天正是廖了以主持會議。此案當然是不了了之。

2018年起，王洲明（右）擔任台中選舉委員會選監小組召集人，由當時市府主秘黃景茂致贈感謝狀。（王洲明提供）

王洲明任選委會委員一段時間後，他改當選監小組委員。林佳龍任市長兼選委會主委時，他被任命為選監小組召集人，對大台中選風有正面的改善。首先是競選旗幟以往插得滿街飄揚，既髒亂，也影響交通視角。王洲明雷厲風行，舉發一支罰款10萬元，終於有效終止競選旗幟亂象。

其次，他積極推動反賄選，讓試圖買票的候選人非常忌憚，台中是目前賄選相對改善的城市。另他也大力宣傳《選罷法》，如投票當天「投票所三十公尺內不得有競選旗幟、標誌」、「投票所三十公尺內也不能有助選行為」……等，讓買票者未敢派員到投票所站崗，因為只要被手機錄影檢舉，一件就罰50萬元。一位名候選人即曾被成功舉發三次，共罰150萬元，而大喊「吃不消」。

老師，一向被視為保守族群，王洲明不一樣，他以改革、衝撞做為自己奉獻教育、社會的目標，為老師開啟另一扇門，樹立了另一種榜樣。

關不住的台灣魂
——張烱東

採訪、撰稿：林純美

張烱東。（林純美提供）

73歲的張瓊惠永遠忘不了1955年3月17日這一天。

小學二年級的張瓊惠，放學回到台中縣神岡鄉家裡，跟坐在椅子上打盹的阿嬤及正在廚房忙著弄晚餐的媽媽說聲「我回來了。」放下書包，她抱起3歲的弟弟阿篤，跟他說話。一旁的妹妹兀自玩著。晚上，爸爸也回到家，問起瓊惠：「今天老師教了什麼？來跟爸爸說……」一切平常如昔。

晚上9點多，瓊惠正打算要上床睡覺時，卻聽到外頭一陣吵雜聲，家裡突然闖進5個大人，乒乒乓乓四處翻著爸爸的書桌，幾本書散落在地上。不久，他們就把爸爸張炯東帶走了。車隊離去的霎那，張瓊惠只記得爸爸的眼睛，重重的望著背著弟弟、牽著妹妹的她。連揮手都來不及，爸爸就消失在夜色中。就這樣一去整整15個年頭。那年，張瓊惠9歲，妹妹5歲，弟弟張篤佰3歲。

一張信肇禍　成為通謀外國的叛亂犯

根據張炯東事後的描述，闖到家裡的是四名台灣省保安司令部的特務，會同管區警員。除了現場非法搜查之外，強押他至台北市西寧南路36號（日治時期之東本願寺，白色恐怖時期曾作為保安司令部保安處看守所）。開始日以繼夜、不計其數的極端刑求，要他供出組織及同伴。十月初移押軍法處（今青島東路），台灣省保安司令部在隔年（1956年）9月4日終審結案，張炯東因「通謀外國派遣之人意圖使中華民國領域屬於該國未遂」，以懲治叛亂條例（二條一項、二條二項）、刑法26條，判處有期徒刑15年、褫奪公權10年。後移押安坑看守所，於1957年移至火燒島執行。

1993年3月15日，張烱東就興建台中縣二二八紀念碑，擬選址於石岡壩公園說明，但最後決定興設大里。（林純美提供）

張烱東到底做了什麼事，讓他成為叛亂犯呢？根據判決文裡被控犯行描述：「張烱東於44年（1955年）3月9日以化名蘆澤ミチ子暨台灣人民文化推進會名義，分函日本及美國駐華大使館。函內略稱台灣原係日人首先發現後，雖由鄭成功擊退荷人而佔領，仍應歸日本所有，並指責波茲坦宣言不當，極力攻訐政府，稱日本為父國，台灣為子屬，促求日本向共匪通告採取對策，暨以聯合國會員之地位，對我政府提出抵制政策。」

也就是說，張烱東以化名寫了兩封信，分別寄給日本及美國駐華大使館，信寄出第8天，29歲的小商人張烱東成為國民黨威權統治白色恐怖的政治犯。根據「台灣轉型正義資料庫」顯示，張烱東經過台灣省保安司令部、國防部、總統府三個機關及總統蔣介石審理，在1956年3月28日蔣介石親自核覆內容：「此案必有政治作用及組織，應發還詳為偵查嚴審報核。」至第15次審理歷時1年6個月方才終審結案。

張炯東為什麼能逃過死劫呢？那是因為無論經過任何酷刑，他始終堅稱只有自己一個人，沒有供出任何組織或共犯。他知道只要有組織、有同謀，他一定逃不過死刑。待在那慘絕人寰的黑牢18個月，他看到了太多被拉出去槍決的夥伴，大多還是年紀輕輕的學生或老師。

反國府大本營　是白恐重災區

張炯東，1927年出生於台中縣神岡鄉的農家。爸爸是保正（日治時期的里長），他是家裡的長男，下面有兩個弟弟。種稻之家，又開了米行，家境還算殷實，讓三兄弟都受到好的教育，張炯東跟老二是台中商業學校高等科前後期，老三則唸台中一中。沒想到日治時期在中部最好的兩所學校，到了國府時期，爆發的二二八事件中，成為反國民政府的大本營，在白色恐怖時期，都成了受害的重災區。

根據張炯東長女張瓊惠的回憶，受日本教育的父親在學校從一年級開始，連續5年擔任「學生長」，每天朝會時要配刀出來指揮喊口令。由於成績優異，學校還專門為他找了一位葉老師，一對一教他物理。從出生一直到1945年日本戰敗離開台灣，張炯東足足有18年的歲月，國籍為日本。畢業後年紀輕輕的他曾去后里農校（現在的后綜高中）當老師，教的是理化及數學。之後到神岡鄉公所擔任兵役課長。長子張篤佰說，父親曾告訴他，國府來台後1947年爆發二二八事件，有聽到風聲，說要抓學校老師，父親跑到大甲溪躲了好一陣子。風聲過了，生為長子，終究還是被家裡叫回去做生意。沒想到承擔家族全部寄望的他，8年後，因兩封信肇禍，仍逃不過國府的魔爪。

張烱東19歲結婚，娶的是自己看上的小學同班同學盧碧玉。盧家是地方小有名氣的中醫師。進門時，張烱東當保正的爸爸前一年甫過世，新寡的母親，得挑起全家重擔。母親認為門不當戶不對，始終嫌棄這個兒子中意的柔弱媳婦，對她百般刁難，讓新婦經常以淚洗面，即使是隔年長女瓊惠出生，婆媳相處依然沒有改善。交惡的雙方親家更是少有往來。

出生於1947年的張瓊惠，回憶與父親一起生活的9個年頭，她說，她是父親的掌上明珠。從有記憶起，每天早晨都在爸爸的胳臂上醒來，7歲還被抱在爸爸的大腿上，這是她一生對父親最甜蜜的懷念。生母因惡劣的婆媳關係，最終導致外公上門堅持帶女兒返回娘家，因為，有人向外公說：「再不把女兒帶回娘家，恐怕會見不到女兒。」之後，張瓊惠成了爸媽的爭奪物。

張瓊惠記得，四歲的時候，堂姐曾背著她到外婆家找媽媽。媽媽把她藏在外公的草藥倉庫，最終還是被爸爸找回家，挨了一頓痛罰。但爸爸也曾數度帶著她去看媽媽，三個人哭成一團。之後，爸爸開始下定決心，四處幫她找新媽媽、一定是要會疼愛她的新媽媽。爸爸告訴她，新媽媽是專為她而娶的。

親媽新媽　都是好媽媽

張烱東23歲再娶的妻子王月桃，是台北松山人，生下了次女及長子。張瓊惠說，新媽媽不但沒有虐待她，還細心照顧她，在她腳不舒服的時候，新媽媽還背著她去上學。在張烱東坐牢的15年間，她養雞養鴨養豬、去大甲溪畔挑大水柴（漂流木）回來燒火，撫養三個孩子，讓他們讀書，是個不讓鬚眉的偉大女性，是她心目中最崇敬的恩人。

受日本教育的張烱東，是慈父更是嚴父。相較於弟、妹，當時9歲的張瓊惠，得到父親最多也最嚴格的教養。張瓊惠回憶父親對她的教育方式，從小就要求她「誠實是真理」、「不二過」。只要說實話，就不處罰，用寬恕啟發誠實。爸爸總是抱著她，細細的勸導，讓她可以放心的全盤托出，養成張瓊惠一生老實的個性。嚴格的父親，要求她「錯在哪裡？該不該打？用什麼打？該打幾下？」通通自己說、自己拿，教導她「應對進退、自己負責」的態度，嚴酷的教育讓她吃了不少苦頭。然而，能得到父親的良好教養，她認為自己是最幸福的孩子。

張烱東夫妻（立者左五、左六）與長子張篤佰夫妻（立者左一、左二）訪友，攝於1988年10月。（張篤佰提供）

談起父親不在的15年，張瓊惠淚流滿面。父親坐牢，家中風雲變色。父親臨去的眼神，讓她代替爸爸陪著媽媽、照顧弟妹，一起長大。小學四年級，爸爸吩咐媽媽一定要讓她讀升學班，媽媽說沒錢，爸爸還叫媽媽把家裡的馬達拿去變賣，交補習費。有一天，她突然收到小朋友最喜歡的《新學友》雜誌、一本小說《冰點》及文具用品。原來是爸爸在獄中，儉腸捏肚存錢為她訂的。見書如見父，她欣喜若狂，也撫慰了失父無依的悲痛。每月盼望《新學友》的到來。日本小說《冰點》是要長女與後媽好好溝通相處，這是父親最掛心的事。

張瓊惠原本考上台中女中，二年級上學期時，後媽建議她學技能、學洋裁，她便轉學到豐商。後媽也曾給她做了一件漂亮的洋裝，弟妹都尊重她這個姊姊，一家人相依為命，相處融洽。這在政治犯還在坐牢的家庭，是多麼的不容易。窮到唸不下去，父親要她半工半讀，張瓊惠找到裕豐紗廠當日班女工，住在工廠宿舍，週假日才回家相聚，晚上去唸豐商，得以完成高商學業。

火燒島探父　恍如隔世

不知經過幾年，禁不住對父親的日思夜想，張瓊惠終於打聽到可以會面的訊息，她飛奔回家告訴母親。花了一整天，從東港搭乘漁船到綠島，兩人見到父親，恍如隔世。相聚一週，又如天堂。三個人遊遍綠島，有招待現撈的魚、生魚片、烤魚、魚湯，有3、4公斤的寄居蟹，當地人稱為八寶，因為有8隻腳。有野山羌、山豬，同學（獄友）也會帶來探監的家人來互訪，好像辦喜事。原來，政治犯備受當地居民的愛戴，爸爸好像也受到大家的敬重。

此後，家族每年輪流去看老爸。張瓊惠一共去了兩次，第一次去，全綠島都是點煤油燈，後來再去，就有電燈了。聽說，那個變電所是父親親手籌劃，從製圖、設計、施工、監工至完工，一手主導到親手送電。張烱東總算無負母校中商的特別栽培。

長子篤佰回憶母親曾帶他去綠島探監一次，他小學四年級時（應是1963年，張入獄第8年），母親因暈船，倒在甲板上，海浪打來，全身都濕了。去到碼頭，有車來接。初見父親，母親告訴他：「這就是你爸爸。」、「原來爸爸生作這款型，生作這呢緣投……」第一次看到長大的兒子，爸爸緊緊的擁抱他，讓他幾乎不能喘氣。住了一星期，帶他去游泳、踢足球，知道篤佰剛學會騎腳踏車，爸爸特地向人借了輛鐵馬，帶他騎遍全島。同學請他們吃的龍蝦，是用臉盆煮的；他帶去的功課是在會客室寫的，爸爸也幫他補習。因為特地向學校請假，讓他那一學年沒有拿到全勤獎，是小學6年唯一一次。

篤佰也談及國小時被同學排擠，同學都被家長交待「不可以和張篤佰做陣」。與同學吵架時，會嘲笑他：「汝老爸被抓去火燒島燒懶趴！」他不管對方多高多壯，立刻就衝向對方，大打出手，大家都怕他。在街上照顧小小米糠蕃薯籤店的媽媽，天天被經過的人告狀：「汝阿篤仔打人！」氣得母親回家，就拿棍子打他，篤佰當然趕緊溜之大吉。只要講到母親，篤佰就痛哭失聲，不能自已。

移監泰源　差點成為死刑犯

張烱東在移至火燒島的「新生訓導處」八年後，於1965年移至台東國防部泰源感訓監獄。張篤佰回憶，在泰源，父親負責監獄裡所有車輛的維修，幾乎每週都會開一個多小時去台東街上補充物料。曾經，有機會開車回軍方五級廠（在豐原社皮）拿車輛物料，上頭說就順便回家看看。當時，還有2到3年可以出獄的張烱東拒絕了。他說，回家看看心中更艱苦，相見不如不見。

1970年2月8日泰源監獄爆發台獨武裝起義「泰源事件」。起事的6個人當中，有5個人於同年5月30日集體槍決，都是27歲至32歲的年輕人。當時，再一個月就將出獄的張烱東差點被牽連，因為他們利用張烱東負責管理的車輛維修廠火石去磨刀。由於5人堅持都是個人行為，方才沒有牽連更多的人。

1970年3月17日，張烱東從泰源刑滿出獄，失去自由足足15個年頭。進去時是29歲的年輕人，出獄時已是44歲的中年人。張瓊惠已經25歲，有著交往的對象，因為看到妹妹當年出嫁時，沒有爸爸主婚，她心想，如果爸爸回來，女兒都出嫁了，爸爸會多麼失落寂寞。她想跟終年思思念念的爸爸，多相處幾年。一直到4年後29歲才出嫁。

1990年，擔任服務處監事的張烱東陪同議員林豐喜（右二）、會長張基進（左一）、總幹事黃灯三（左二）探望陳情者許金龍（右三），關切殘障福利問題。（林純美提供）

歸鄉的爸爸，見到瓊惠第一句話竟然是：「爸爸以前對妳那麼嚴酷，妳恨不恨？」瓊惠哭著說，爸爸是恨鐵不成鋼，她無怨。多年後，她對老父似撒嬌又埋怨：「我這麼乖巧溫順，您是殺雞用牛刀！」

出獄後的張焵東，一步步重整舊山河。他從替人整修房子的小包商，到蓋一整排透天厝的建築商，遇到時機，藉著財務管理專長，讓他累積了不少資產，得以照顧三個成年子女。他也讓艱苦15年的妻子掌管財務。同時，隔年生下了計劃中的「出獄紀念品」小女兒。張焵東從一個嚴厲的男人，變成愛妻疼子寵女的人夫人父，一切都為了彌補那缺席的15年。瓊惠說，父親是沒有世俗慾望的人，對自己非常簡樸，一生沒有享過福。

重返社會　出獄證明印名片

政治犯分兩派，一是紅統，一是台獨。雙方經常論戰廝殺，互不相容、毫無妥協。張焵東與曾是泰源「同學」的施明德，都是強硬的獨派。出獄後的張焵東，未改其志，依然心繫台灣社會的民主發展。他開始出現在各個當時黨外活動，總是西裝革履，繫上領帶，白鑠鑠的襯衫，一派紳士模樣。他遞出來的名片，正面是個人聯絡資料，背面印上國防部泰源感訓監獄開釋證明書，光明磊落，清楚明白，讓接觸他的人知道：「我是坐過牢的叛亂犯，我出獄了。」當時台灣還在戒嚴時期，政治犯出獄不代表自由，管區警察依然定期到府，走到哪，還是有便衣跟隨。之後，他加入民進黨全台灣第一個次團體「大屯區民主聯誼會」，是民進黨台中縣黨部第一批黨員，是大家都尊敬的歐吉桑。

1990年3月1日，台中縣第一位也是唯一的一位民進黨籍縣議員林豐喜服務處成立。全員到齊，右起林純美、張烱東、林豐喜、張基進、李淑貞、黃灯三。後排是志工林隆雄。（林純美提供）

1990年1月，捲起農民運動風雲的林豐喜，在豐原、后里以最高票清白當選第12屆縣議員，為國府統治台灣四十餘年來，黨外沙漠的台中縣第一位也是唯一一位縣議員。3月1日宣誓就職時，林豐喜堅持以台語向人民宣誓，他邀請張烱東代表人民當監誓人。因為張烱東是政治犯，他曾經勇敢挑戰威權體制。這場沒有面對孫中山的宣誓儀式，林豐喜與張烱東兩人，於議會外的宣傳車上，在兩、三百位民眾的見證下完成，可謂史無前例。張烱東也接受林豐喜的邀請，擔任縣議員服務處的監事。之後，在全縣21鄉鎮舉辦縣政說明會，張烱東場場到場，由始至終，聆聽每一位民眾的發言與陳情，詳實記錄處理，把服務處的角色，當成自己政治理想的實踐。無論預算、議題、質詢，他樣樣精研，件件參與。林豐喜說，亦師亦友的張烱東，是他從政生涯十分敬重，終生難忘的前輩，他何其有幸，得以親炙風骨。

鐵漢一生　活出台灣人的尊嚴

張烱東於2011年9月辭世，享壽84歲，是自然老化。妻子已於前一年去逝。4個孩子，12個孫子，枝葉繁茂。依照崇尚科學，理性辯證的張烱東生前交待，火化之後，隨處灑之，化為千風，雪泥鴻爪，春夢無痕。張烱東2000年親見政黨輪替，阿扁執政。2001年領取「財團法人戒嚴時期不當叛亂暨匪諜審判案件補償基金會」的補償金，2004年得到陳水扁總統署名，來自國家的回復名譽證書。台灣正邁向民主，勇往直前，張烱東無愧此生，應可含笑。

1987年10月，大屯區民主聯誼會遷移至太平路新會址，也是創會會員的張烱東與貴賓合影。右起七位分別是：王昭娥、陳博文、許榮淑、張俊宏、黃信介、黃金島、張烱東、范政祐（左一）。（黃世殿提供）

綜觀張焗東的一生，出生承載家族期待的「家用長子」，在中商是優異的學生長；在后里初農，是最年輕的天才數理老師。躲過二二八，在人生的黃金年代甫開始，因思想肇禍，墜入黑牢，受盡酷刑，堅不吐實，逃過死刑。在火燒島、泰源惡劣的環境15年，用才幹、智慧創造個人生存的空間。重出社會，他以財務專業及技術長才，經商有成，累積資產，得以照顧家人，彌補缺憾。對於政治民主，他情有獨鍾。黨外運動風起雲湧時期的各項活動，都有他的身影，出錢出力，從不居功。出任縣議員林豐喜服務處監事，他全心投入，勇於任事，無負所託。言論致禍，不曾怨悔，堅持理念，未改其志。

因坐牢而損傷的瘦弱身軀，始終挺直，炯炯有神的雙眼，直視人性的挑戰，不曾閃躲。鐵漢張焗東用他身體力行的一生，活出台灣人的尊嚴與典範。

在威權的天空下——台中篇

發行人｜陳旻昱
總策劃｜陳彥斌
主編｜洪碧梧
採訪、撰稿｜陳彥斌・廖建超・周馥儀・洪碧梧・魏吟冰
林純美・陳欽隆（按目錄順序）
編輯、校閱｜梁喬伊
封面剪紙｜林昱君
行政｜洪碧梧
法律顧問｜惟拓法律事務所 陳亮逢律師
出版單位｜台中市新文化協會
地址：台中市西區忠明南路237號四樓之五
電話：04-2305-2115
傳真：04-2305-0218
設計編印｜白象文化事業有限公司
經銷代理｜白象文化事業有限公司
412台中市大里區科技路1號8樓之2（台中軟體園區）
出版專線：（04）2496-5995　　傳真：（04）2496-9901
401台中市東區和平街228巷44號（經銷部）
購書專線：（04）2220-8589　　傳真：（04）2220-8505
指導贊助單位｜國家人權博物館 NATIONAL HUMAN RIGHTS MUSEUM
ISBN｜978-986-99667-1-9
出版日期｜2020年11月初版一刷
定價｜350元

國家圖書館出版品預行編目資料

在威權的天空下. 台中篇／陳彥斌等著. --初版.--
臺中市：台中市新文化協會，2020.11
面；　公分
ISBN 978-986-99667-1-9（平裝）
1.臺灣政治 2.臺灣民主運動 3.人物志 4.訪談
573.07　　109016457